Ca

A LA CIMA

DE LA SIMA

De la Sima a la Cima

Carlos Buelvas.

...

Corrección y Diseño

Editorial Negrita y Cursiva

Maracaibo, Venezuela
2021

Contenido

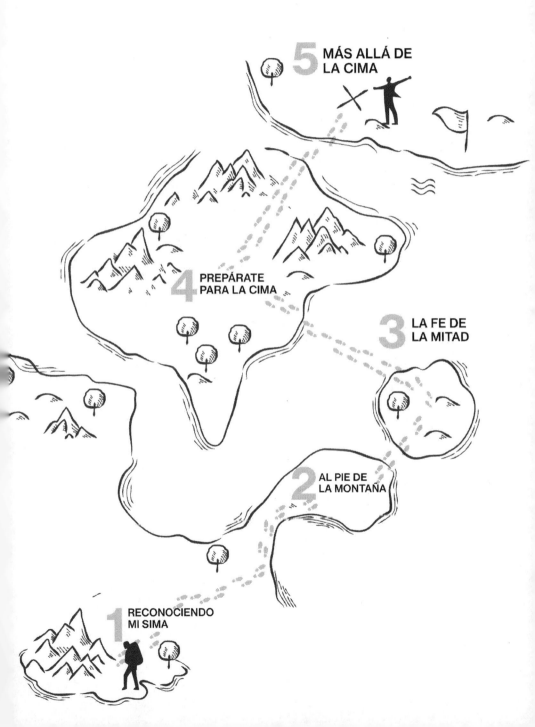

ÍNDICE

Capítulo 4: Prepárate para la cima   121

Capítulo 5: Más allá de la cima   151

ESTE LIBRO ES PARA...

A mi esposa por dejarme el regalo más grande que he recibido, mi hijo.

A ti, Carlos Daniel, te dedico no solo este libro, sino mi vida entera. Gracias por enseñarme el verdadero poder del amor, mantener en mí la fe y sacar todos los días mi mejor versión.

A mis padres por ser soporte y eslabones vitales en este camino.

A mis hermanos que han sido fuente de apoyo infinito. Finalmente, a mis amigos y familiares que de alguna forma u otra han sido parte de este proceso, evolución y transformación.

¡Sé el primero en conocer todo lo
que tenemos preparado para ti!

SIMA

Etimologicamente "Punto más bajo, cavidad, abismo". Momento de quiebre de una persona donde se encuentra sumergida en diferentes situaciones.

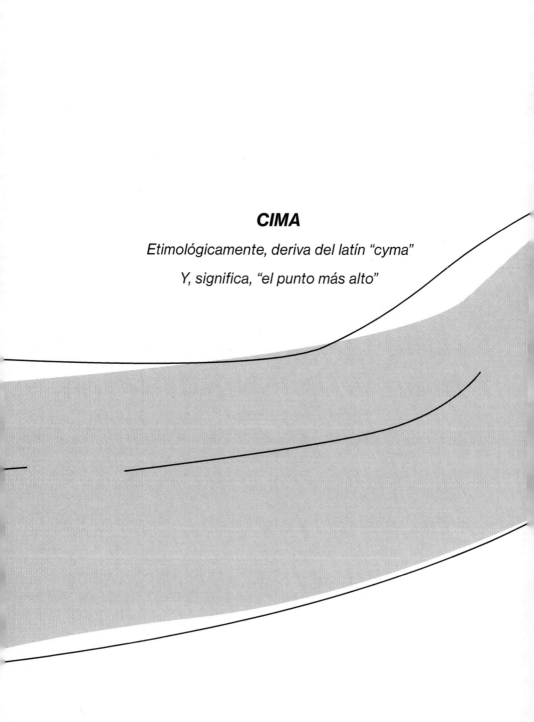

CIMA

Etimológicamente, deriva del latín "cyma"

Y, significa, "el punto más alto"

EL CAMINO
APENAS
COMIENZA...

NOTA

Si este libro ha llegado a tus manos, estás leyendo y disfrutando uno de mis sueños materializados.

Cuando comencé a escribir este libro, entendí que tardé años en hacerlo porque lo que más me tomó tiempo no fue llegar a la conclusión de "escribir un libro", sino encontrar las palabras correctas para poder explicar el verdadero propósito, que no es mi camino, es nuestro.

También tuve que dejar a un lado la falsa creencia de que no era un escritor, de que no tenía el toque mágico que literatos famosos tienen. Si tienes esa barrera mental, recuerda que usualmente un escritor es alguien que tiene la urgencia de expresar algo que sólo el papel puede aguantar.

He vivido tantas experiencias, justo del tipo que dejan lecciones verdaderamente valiosas, sin embargo no se trata sobre estas experiencias, se trata de la sabiduría, de las respuestas que siempre estuvieron allí a la vuelta de la esquina, y que son probablemente las que tú estés buscando hoy.

Encontrar el propósito, por más que se pueda ver como lo más sencillo, es sin duda alguna, lo más difícil de todo este proceso, porque vivimos a la deriva, ciegos, tan automatizados y estructurados que creemos que para meditar y hablar con nosotros es necesario darle la vuelta al mundo o visitar lugares místicos.

Miles de personas al año pagan un viaje de lujo al Tíbet para encontrar su verdadero significado como seres humanos, sin saber que al llegar allá no encontrarán ningún tipo de magia. Tienes que entenderlo, nadie hará el trabajo por mi o por ti, allá solo nos encontraremos con el abrupto y absoluto silencio, tan profundo, tan gélido que hasta puede resultar ensordecedor.

No elegí el Tíbet, pero si decidí un lugar alejado de las redes sociales, las creencias o la sociedad que siempre quiere imponer sus reglas. Fue un lugar ligero, y fresco donde pude estar tranquilo sin pensar en urgencias o trivialidades, ahí descubrí y entendí en la paz, que mi verdadera cima era muy diferente a la que había pensado.

Hoy puedo decir con alegría que llegué a la cúspide que me propuse en algún momento, que valoro mucho más las cosas verdaderamente importantes y que tengo todo lo que requiero en el plano físico y emocional para seguir mi próxima escalada, esa que te sumará valor a ti y que pondrá mi experiencia en tus manos para impulsarte a subir la siguiente montaña.

Mi nuevo objetivo es enseñarte a reconocer tu verdadera cima, principalmente si has llegado a un tope y aún así sientes un vacío enorme que no comprendes. Quiero que sepas que no estás solo, que este libro se encargará de explicarte las respuestas a esas interrogantes que te servirán de guía en este maravilloso camino de conocerte. En este trayecto te invitaré a que hagamos ejercicios juntos, a que respondas lo que califico como preguntas vitales, preguntas que te darán respuestas para iniciar el viaje a esa nueva vida que deseas.

Carlos Buelvas

¿QUÉ ESPERAS PARA COMENZAR EL CAMINO HACIA TU CIMA?

Carlos Buelvas

RECONOCIENDO MI SIMA

Capítulo

01

RECONOCIENDO MI SIMA

Jamás conoceremos la superficie,
sin antes haber conocido el nivel de profundidad.

EL PRINCIPIO

Inicialmente este capítulo se llamaba "mi peor sima", pero lo que pensé que había sido lo peor que me había pasado en la vida, hasta ese momento, terminó siendo una época digna de no olvidar, de mucho aprendizaje y que al final me llevó a otro nivel de conciencia con una perspectiva más amplia y real del mundo que me rodea.

Nada golpea más fuerte que la vida. Crees estar en un punto donde tienes todas las respuestas y de golpe te cambian las preguntas. ¿Qué circunstancias te hacen fuerte?, ¿Cuáles te debilitan? Hay momentos que te hacen mirarte en un espejo y preguntarte: ¿De qué estás hecho? ¿Qué viene ahora?

Situaciones laborales, familiares, financieras y emocionales. Estar en la sima abarca un todo, un día a día continúo de obstáculos esperando por ti. Todas las simas te colocan en una posición distinta, todas las tormentas se enfrentan, pero la belleza colateral radica en que, cuando pasa no vuelves a ser la misma persona que entró en ella. Cada uno tiene sus propios infiernos y batallas por superar, todas las personas en algún momento han estado en ese callejón sin salida, por eso, esta historia también te pertenece.

Las simas pueden llevarte a un lugar de oscuridad que no sabías que existía dentro de ti, donde la mente se nubla y el discernimiento a veces no está presente, sí, no es tu culpa sentirte mal porque el mundo se te viene encima, pero eres totalmente responsable por sentirte victima en ese lugar de profundidad.

Te has preguntado: ¿Si eres tú quién desea seguir estando en ese lugar sin hacer nada para cambiar tus circunstancias?, caes en juicios, en reproches personales e incluso miras al cielo y culpas a Dios por tus caídas. ¿Por qué me sucede esto a mí? ¿Qué hice para merecerlo? ¿Por qué Dios no me escucha? Si, sé que en algún punto te has sentido así y te has hecho estas preguntas, a través de este libro te contaré como encontré mis respuestas y como me llené de lecciones que traduje en herramientas para que de una vez por todas encuentres cuáles son las tuyas.

Es importante que sepas que, aunque mi proceso no es tu proceso, podemos vivir y empezar de nuevo juntos, porque de esto se trata el libro, la intención es que descubras que eres capaz de sobreponerte a cualquier momento, que la vida no es una sima en sí, que todo es cíclico y termina cuando menos lo esperas.

Si ves en retrospectiva esos momentos difíciles de los cuales saliste vivo, ¿puedes ver lo diferente que suena cuando entiendes que todo pasa en un instante? El sabor agridulce no dura para siempre, y si este momento gris se te ha hecho eterno, pregúntate ¿Dónde está tu perspectiva? ¿por qué el espejismo del tiempo te hace siempre creer que la felicidad es efímera? ¿por qué entregas más poder a lo que te derriba? es hora de confiar en que, si lo bueno pasa, lo malo también.

 **EJERCICIO, DESCANSO Y ESCALADA**

Nadie sube una montaña sin hacer las pausas respectivas, en nuestro caso voy a pedirte que cada cierto tiempo te regales la oportunidad de profundizar en tí mismo, cada tema que estamos tocando para que tu escalada sea aún más reveladora.

Practiquemos: ¿qué me está pasando?, ¿dónde estoy y a

dónde quiero llegar?

1. Ubica un lugar cómodo y siéntate con papel y lápiz (o cualquier otra herramienta para escribir).

2. Reconoce una situación que te ocupe en este momento, eso que consideras tu SIMA. Defínelo, especifícalo. ¿Cómo iniciar un recorrido sin antes saber dónde te encuentras exactamente? Por ejemplo: ¿los ingresos que estoy obteniendo son suficientes?, ¿me siento a gusto con mi pareja?, ¿quiero mayor salud física?, ponle nombre a tu SIMA.

_____

_____

_____

3. Ahora por favor escribe: ¿qué quieres que pase?, ¿cuál sería la solución o resultado deseado? Ánimo, cuando observas el punto de partida y de llegada, estás preparando la hoja de ruta para tu ascenso.

_____

_____

_____

_____

_____

_____

_____

Pero ATENCIÓN: Lo que deseo que mires con este poderoso ejercicio, es que sin saberlo, has estado en muchas simas anteriormente, ¿las ves? Nada sucede porque sí, también depende de ti. De que vivas cada segundo, de que te arriesgues a tomar decisiones que marquen un antes y un después. Nadie hará algo por ti más que tú propia persona, solo tú tienes el poder de comenzar otra vez y todas las veces que sean necesarias. No tenemos un súper héroe que venga a rescatarnos, pero tú puedes ponerte una capa y seguir volando. Eres tú, el héroe con poderes y fuerza interior.

Listo, a ponernos de pié que el viaje sigue.

Sabías que ¿los seres humanos tenemos – al menos – 5 simas que nos han cambiado la piel y la forma de ver el mundo? La muerte, los fracasos, las despedidas, las decepciones y los desamores, son todas simas circunstanciales. Este momento para ti tal vez represente una de ellas, donde el tiempo parece haberse paralizado y los errores abren grandes grietas, y sí, te estoy pidiendo que seas lo suficientemente valiente como para sacar tus sombras y exponerlas a la luz.

Mi primera SIMA.

Era muy joven cuando mis padres se separaron; la ruptura fue algo muy fuerte para nosotros. Pasamos de tener cierta estabilidad a no saber lo que nos deparaba el futuro próximo, justo ahí recuerdo que me tocó comenzar a trabajar, y al poco tiempo, tuvimos un accidente que cambió mi rumbo y el de toda mi familia.

Un par de años más tarde, la persona que amaba quedó embarazada, iba a ser papá por primera vez, y ante la maravillosa pero inesperada noticia, no hacíamos más que planificar el futuro, uno que nunca existió, porque nuestro bebé nació en enero para morir cinco días después dejándonos con un vacío gigante y sin aliento. Sin darme cuenta, situación tras situación, me vi arrastrado y sumergido en la más oscura de las profundidades.

En marzo de ese mismo año, mi pareja vuelve a quedar embarazada sorpresivamente, y con ello se sumaron nuevas situaciones, recuerdo que en todos los exámenes que ella se realizaba salían a la luz resultados terribles sobre la salud del bebé; tenía una serie de anomalías genéticas que podrían impactar a cualquiera familia. Es imposible explicar lo difícil que era pensar que ya había visto morir a un hijo para meses más tarde ver a otro con tantas dificultades por delante.

Al séptimo mes, el doctor luego de tantos estudios, nos sentó a ambos para conversar un poco sobre el futuro del embarazo y de las alternativas que había para lo que parecía una película de terror, a cada de una de ellas respondí:

— No vamos a realizar más exámenes. Sea como sea, venga como venga va a ser nuestro hijo, vamos a quererlo y a cuidarlo como se merece. — Esto lo repetía una y otra vez ante las constantes sugerencias de médicos y familiares.

En diciembre, justamente el día de su nacimiento sentí un terror que nunca había sentido antes, las lágrimas brotaban de mis ojos sin parar, la preocupación en ese momento era tal que mis manos frías temblaban, mi mente no dejaba de pensar en lo que podía venir, la incertidumbre se apoderó de mí y fue ahí cuando caí en el suelo a esperar el momento, no podía plantearme otro pensamiento que no fuera la vida de mi nuevo hijo.

Me sentía aterrado de que le ocurriera algo y de lo que podía ser. Fue entonces cuando entendí el poder de tomar riesgos basados en el amor, aferrándome a mi intuición y dejándome llevar por lo que dictaba mi corazón, a partir de ese momento empecé a escucharme y a escuchar esa voz interna a la que llamamos Dios, pero sobre todas las cosas empecé a confiar en mí.

Mi hijo nació completamente sano, con buen peso y muy buen tamaño. Debo reconocer que tuve un aire de felicidad y orgullo, al punto que por un momento sentí que toqué el cielo de la alegría. Hoy, él tiene 19 años, es un joven sano, brillante, maduro, con una actitud increíble y con una cantidad de valores que la vida le ha dado, es sin duda, la demostración más grande del poder del amor. Tiene un sinfín de valores que me hacen feliz, además es mi maestro y mi más grande bendición, estoy sumamente orgulloso de él porque con su madurez ha llegado a mostrarme una perspectiva más amplia que sólo puedes ver cuando eres padre, en definitiva ha sido mi mejor decisión, él junto a otras cosas, han sido mi gran proyecto de vida.

¿Y tú?, ¿Cuál crees que ha sido tu mejor decisión hasta ahora?

Cuando creía que todo había terminado, meses después del nacimiento de mi hijo, a su mamá le diagnosticaron cáncer. Estuvimos alrededor de dos años de un hospital a otro, entre tratamientos, quimioterapias y más exámenes de los que alguna vez pudimos imaginar.

Tras ese lapso de tiempo, ella falleció.

Lo recuerdo como si fuera ayer, antes de morir, mi gran amor me dijo, — Tranquilo, todo estará bien —. Creo que ella confió en mí, más de lo que yo confiaba, ella vio en ese instante, lo que yo no pude reflejar todos esos años, ella sabía que yo podía... Fue su último y gran mensaje que me ha acompañado desde entonces, ella me impregnó de valor.

Estábamos tristes, vacíos, sin hogar, sin dinero, medios de transporte y con muchísimas deudas. Justo allí vi todo lo que tenía y como la vida me había cambiado lo que yo creía eran las reglas del juego. A lo largo de todos estos años he vivido lo que es sentir tenerlo todo y en un segundo no tener nada, darme cuenta que debía reconstruir nuevamente sin fuerzas, pero con los únicos recursos que tenía: la fe, la creencia en mi y el enfoque claro de lo que quería.

Hasta este momento, quiero recordarte dos palabras importantes para éste viaje rumbo a la CIMA: Decisiones y Confianza.

Te hablo de la primera: a veces las decisiones más cruciales estarán cargadas de tres sentimientos que arman un viento en contra durante el proceso: **la incertidumbre, el miedo y la culpa.** Son elementos tan poderosos que a veces hasta te paralizan, la lógica, el razonamiento, te dictan que debes encontrar la razón que justifique por qué esa elección que tú quieres es mejor que otra, y esto no siempre tiene por qué ser así. **En esa caída libre, ármate contra el viento con el paracaídas más fuerte que existe, la fe.**

EJERCICIO, DESCANSO Y ESCALADA

¿Y tú?, ¿Cuál crees que ha sido tu mejor decisión hasta ahora?.

Nuevamente te invito a escribir y responder esta pregunta, escribir es un acto de "darte cuenta", sé que a estas alturas de tu montaña ya empiezas a observar todo lo que has superado sin haberte dado mérito por ello.

_____

_____

_____

_____

_____

Hablemos ahora sobre la confianza.

La falta de confianza es una terrible compañera de viaje. Provoca que ni siquiera intentes luchar por aquello que deseas, y termina apartándote, encerrándote y paralizando todo aquello que puedes manifestar. Durante una etapa yo también viví así, evitando cualquier situación en la que pudiera llegar a fracasar, lo que no había descubierto es que, todas esas batallas me alcanzaban sólo para demostrarme cuánta valentía y poder llevo por dentro.

Justo después de enterrar a mi esposa, me dije: — Sea en donde sea que yo tenga que vivir, o lo que yo tenga que pasar, mi hijo siempre va a estar conmigo—. Hasta la actualidad, hemos pasado situaciones difíciles y también momentos satisfactorios y felices, sea lo que sea, juntos hemos podido superarlo, he podido tomar el papel como padre y madre, y al mismo tiempo alcanzar mi propia cima con él a mi lado.

→ **¿Por qué confiar? Porque si vas a poder.**

EJERCICIO, DESCANSO Y ESCALADA

Te invito a mirar 3 momentos cruciales de tu vida en los que creías que no lograrías un resultado y gracias a tus capacidades y también al apoyo de otras personas, lo conseguiste.

¿Ves cómo cambia tu perspectiva cuando te das cuenta que te has levantado en otras oportunidades?

Sigamos el viaje.

A veces, siento que viví al revés, teniendo vivencias de personas adultas a temprana edad que me hicieron madurar rápidamente en todos los sentidos. No obstante, el dolor, no cambiaría nada de esa etapa porque gracias a ella he podido aprender y enfrentar situaciones con otra mirada, ahora son ojos fijos y retadores, los que se encuentran en mi interior y son quienes me dan la fuerza necesaria para seguir creciendo, desarrollando y manteniendo mi propósito.

Si me preguntan qué fue lo más duro, diría que todo el camino; todos tenemos un proceso de asimilación de altos y bajos, en los primeros se disfruta y en los segundos se aprende para volver a disfrutar con más conciencia y satisfacción. Para saber cuál es el tuyo debemos recurrir a ese equipaje que tiene todas las cosas que nos han sucedido, que a veces nos pesa, nos ancla, mientras se va llenando de a poco con creencias y experiencias de nuestros viajes. Utiliza la sima no como un fin, sino como un medio, una llamada de alerta, y porque no, como el momento perfecto en el que puedes sentirte como un resorte que llegó a su punto mínimo para después expandirse para alcanzar el punto máximo de tu potencial, ahí es donde se encuentra tu verdadera consciencia.

Todo esto que te cuento, me mostró que nadie nace con un manual sobre cómo vivir, todo lo vamos conociendo en el transcurso de nuestros procesos y fundamentamos nuestras decisiones de acuerdo a las experiencias que nos forman, que nos capacitan con un equipaje de lecciones, que elegimos conservar o soltar para crear criterios propios.

Sea pesada o liviana, será la que determinará tu paso hasta tu destino. Si has leído hasta aquí, ya iniciaste un nuevo camino que te llevará a reconocer y darte cuenta de tu situación actual, ¡pero no te presiones! Si tu entorno quiere que escales al Everest de la Vida, eres tú quien elige transitar. La cima es como la verdad, cada quien tiene la suya y se adueña de ella en ese tan ansiado camino hacia la felicidad.

JAMÁS CONOCEREMOS
LA SUPERFICIE, SIN ANTES
HABER CONOCIDO EL
NIVEL DE PROFUNDIDAD.

Para ti – tal vez – pueda ser una gran Cima ser alguien reconocido e influenciar, pero para otros el verdadero éxito puede ser influenciar en una pequeña comunidad, y esto está bien, el sendero hacia el respeto personal comienza aceptando que tus estándares son únicos, no aplican a nadie más.

De antemano seré sincero, estamos tan llenos de parámetros, reglas y "el deber ser" que es sencillo para los demás no poder ver, que el único "deber ser" que existe es el que tú te trazas. Por eso, cada vez que sientas que otra sima se acerca:

√ Internaliza que todo depende de ti.

√ Toma conciencia de tus creencias, más adelante te explicaré cómo.

√ Demuéstrate que hay valor en ti y reconoce las capacidades que te fortalecen.

√ Sé lo suficientemente valiente al soñar y decidir el camino que quieres.

TODO ES TEMPORAL

Cuando estamos en situaciones difíciles, debemos tener claro que las cosas buenas o malas pasan, que no hace falta seguir corriendo o tomar decisiones al azar. No, sal de la rueda del ratón, donde parece que lo único que queda es seguir corriendo, tómate tu tiempo para vivir cada experiencia, esfuérzate por sacarle provecho, aprende y sé una mejor persona.

El tiempo, las vivencias, los constantes que no son constantes, tal como los ciclos de la vida y sus cierres. Enfrentar el dolor emocional que implica cerrar una puerta, para abrir otra en una dimensión desconocida, donde quedas verdaderamente expuesto a la inconsistencia de las cosas, incluso nuestro más grande sueño, se pudiera reducir a un instante.

A veces, el ego no nos permite ver que mientras más queremos estar en control, hay una fuerza vital que atiende a tu inconsciente, a tus acciones en el pasado, incluso a tu carga genética, y te comento no para que te obsesiones, sino todo lo contrario, para que obtengas claridad sobre eso que quieres, renuncies al deseo de conseguirlo, y sigas tu intuición a través de tus emociones hasta crear un plan.

No permitas que lo que quieres, te haga olvidar las cosas que ya tienes.

EJERCICIO, DESCANSO Y ESCALADA

En este punto te pido hagas un inventario de eso que ya posees, material o emocional y que hoy te satisface. Sí, toma una hoja y escribe esa lista de lo que ya has logrado, como un acto de gratitud que sirve de piso a lo que ha de venir.

¿Completa tu lista? Seguimos.

Si te desprendes hoy de esa parte tuya que a veces es muy terca, entenderás que hay ciclos de triunfo cuando las cosas vienen a ti y prosperan, sin embargo, de repente, de un solo golpe puede llegar el fracaso y tienes que aprender, tomar la lección, dejarlo ir para hacer espacio a nuevas experiencias y continuar tu camino. Si te aferras a sostener lo insostenible estás forzando el flujo de la vida y entonces bloquearás las oportunidades que tiene el universo preparadas para ti.

¿Cuál es tu propósito? ¿Qué quieres en realidad? ¿Lo que persigo hoy es lo que quiero o es sólo un capricho empujado por el ego y la sociedad?

 **EJERCICIO, DESCANSO Y ESCALADA**

Ahora voy a proponerte que hagas una lista de tus deseos prestados, te explico de qué se trata, son todas esas cosas que has querido alcanzar pensando en las exigencias de los demás: una carrera profesional, una pareja ideal, o tu aspecto físico.

No hay nada más difícil que subir la CIMA de alguien más, así que mírate cómo te ves cumpliendo sueños ajenos, sacúdete de esas expectativas o compromisos y emprende tu propio camino.

Si tu cabeza está dando vueltas, no te preocupes, puede que en este momento haya muchos cabos sueltos, luego irás comprendiendo. La claridad no vendrá cuando yo te lo diga, sino cuando tú la sientas, probablemente no la reconocerás hoy porque: Crees que la vida no sirve para nada o, crees que la vida es perfecta.

Cuando naces, obtienes un ticket. Un boleto personal e intransferible. Solo tú eres el portador y solo tú le ofreces cualquier garantía. Te has preguntado alguna vez ¿Qué he alcanzado?, ¿Hasta dónde quiero llegar?, Si no lo has hecho, respira profundo, cierra los ojos y proyéctate a dónde quieres estar mañana, si no estás conforme con lo que haces ahora prepárate entonces a cambiar.

Todos podemos elegir libremente quienes ser o qué hacer, hacia dónde dirigirnos, y con quienes queremos estar. La consecución de nuestros objetivos o de nuestras metas depende del verbo ACTUAR. Podemos decidir, pero no ejecutar ninguna decisión, si terminas la última página de este libro sin dar ni un paso, comprende que la misma indiferencia la estás aplicando en cada aspecto de tu vida, incluso sin darte cuenta.

El crecimiento es un proceso que inicia cuando descubrimos qué lugar vamos a ocupar. Al estar sin foco, sin propósitos u objetivos, la meta se vuelve un gran vacío. Lo malo de nuestras creencias limitantes es que sólo tienen como consecuencia que enfoquemos nuestra atención en los resultados negativos.

Carlos Buelvas

NO PERMITAS QUE
LO QUE QUIERES,
TE HAGA OLVIDAR
LAS COSAS QUE
YA TIENES.

Entonces recuerda, hay tres formas de vivir:

1) Dejar que la vida pase a nuestro lado, y dejar que las cosas fluyan.

2) Hacer que las cosas sucedan.

3) Que la vida fluya a través de ti.

Elige hoy y comienza a declarar: **La vida no me sucede a mí, sino que sucede por mí y a través de mí.**

Algunos están en este mundo para recorrer la historia, otros están para hacer historia, y ese puedes ser tú, SÍ, la felicidad es una elección, también todo lo que viene con ella, como explotar tu potencial, valorar, amar lo verdaderamente importante, el tomar decisiones y acciones, ¿Acaso no quieres verte allá arriba? ¿Acaso no quieres saber lo que se siente quedarte sin aire en los pulmones de satisfacción al subir ese último escalón? ¿Acaso no te hace falta volver a llorar, pero de felicidad?

Todo nace desde la consciencia, anhelar siempre una experiencia positiva, te dará una experiencia negativa, pero aceptar que existen experiencias negativas, te dará una experiencia positiva. Nuestra mente en retrocesión no deja de tener expectativas que nos llevan a la insatisfacción, ¡corta esa línea! Mientras más estés ansiando sentirte bien, menos satisfecho te sentirás, porque perseguir algo hace que tu mente solo enfatice que no lo tienes y como llegar allá significa arriesgarse, tal vez quebrarse y construirse de nuevo, tu instinto de seguridad no te dejará actuar, te dirá ¡Es demasiado!, tus inseguridades y miedos se apoderarán de ti y te harán permanecer en el lugar del que tanto quieres huir. **Este es un ejemplo exacto de cómo NO tomar conciencia:**

Ansiar ser feliz

INACCIÓN Y REDENCIÓN

Retrocesión

Pensar en todo el recorrido que falta

Insatisfacción e inseguridades

Los pensamientos son un campo de energía que se convierten en palabras, puedes cortar el ciclo temporal de lo que parece tu peor momento. Las palabras trazan una realidad, estas son necesarias para que veas radicalmente la transformación de "lo que quieres llegar a obtener" a "lo que quieres llegar a ser", y lo sé, decidir dejar ir cosas que funcionan, aunque sea "medianamente" es difícil, pero vamos en búsqueda de las que funcionan de verdad.

EJERCICIO, DESCANSO Y ESCALADA

Este es un buen momento para que empieces a diseñar una estrategia, así que quiero invitarte a listar acciones que te acercan a tu objetivo. ¿Recuerdas las simas que identificaste al principio de éste libro?, pues ante la pregunta ¿qué quiero que pase?, describe ¿qué tendría que ocurrir, qué tendrías que hacer para que eso pase?, colócale fecha de realización y manos a la Cima.

Para continuar este proceso conmigo tienes que ser responsable de tu propio destino y eso supone también decidir cómo jerarquizamos nuestro tiempo, como disponemos de nuestra energía, a qué y a quiénes le dedicamos nuestro ser y nuestro hacer. Lo que ha nacido se transformará, lo que has creado evolucionará, todo es transitorio y debes estar listo para lo único constante: El cambio.

No pretendo convencerte de nada, pero si estás leyendo esto no es casualidad, si luego de entender todo lo que implica ser alguien nuevo se te puso la piel de gallina de miedo, entonces estás en el punto de partida correcto, todos somos migrantes, de alma, de lugares y de ideas. Pero algo que quiero que tengas claro es que nadie parte desde cero, aunque no lo creas, siempre hay cimientos: las lecciones aprendidas, las nuevas oportunidades, conexiones, tu red de apoyo, y lo más importante la familia.

¿Por qué no cambiamos ese dialecto de "comenzar desde cero", a "reiniciar con experiencia"?

Dibuja tu línea de tiempo e imagínate justamente en el centro: ¿Cuántos ciclos has cerrado? ¿Cuántas cosas has soltado para recibir algo mejor? La superación y los logros personales llegan cuando empiezas a reconocer que necesitas y que no, siempre tendrás la opción de un nuevo inicio, y quiero dejarte bien claro que ese recomienzo es concederse una oportunidad para retomar tus sueños, así que, sé fiel contigo a través del cambio.

Colocar puntos finales es necesario y doloroso en la mayoría de los casos, decir ¡Ya basta! o ¡No quiero más! te enfrenta a lo que tienes, pero creéme que te acerca a lo que quieres. Seguir leyendo te llevará a un punto donde vivirás un montón de nuevas experiencias que no merecen ser llevadas mediocremente al futuro por un pasado que ya no existe.

Se que en la medida que hemos avanzado, te habrás dado cuenta que más que contarte una experiencia de vida, pretendo que esta lectura se convierta en una mentoría cargada de transformación, así que vamos a trabajar con los cierres de ciclo, ¿te animas?.

 **EJERCICIO, DESCANSO Y ESCALADA**

Prepárate para despedirte de algo que ya no quieres en tu vida, sea una persona, trabajo, lugar o hábito. ¿Cómo lo harás?, pues, escribe una carta con el siguiente encabezado: Querido trabajo -por ejemplo- hoy vengo a despedirme de tí, porque me he dado cuenta que ya cumplí mi ciclo contigo... Te doy las gracias...-continúa expresando qué aprendiste, qué te llevas de esta experiencia-, hasta haber completado todo lo que consideres necesitas expresar. Al final de la carta, escribe tu nombre.

Esta carta de despedida puedes quemarla, sembrarla o depositarla en un buzón imaginario fuera de tu casa. Puedes hacer tantas cartas de despedida como ciclos quieras cerrar.

¿Más ligero de equipaje?

Al inicio de esta historia, te mencionaba que mis respuestas y procesos no son iguales a los tuyos. El tiempo también juega un rol fundamental. No te fuerces, no obligues, no presiones. Todo lo que sea para ti llegará en su justo momento, cuando comenzamos a sanar y a experimentar ese crecimiento personal después de una gran lucha, el resto vendrá solo por añadidura.

No persigas, no ansíes, no preguntes todos los días al universo por ti, no golpees, no exijas sin estar al servicio, manifiesta, relájate y reflexiona.

Si visionas, viene, si reflexionas estás presente, si te relajas empiezas a vibrar con la frecuencia de tus deseos.

Todo funciona según nuestro reloj y brújula personal. Puede parecer que otras personas estén adelante o que otros estén detrás, pero lo cierto es que ellos están en su momento mientras tú debes disfrutar del tuyo. Vive con paciencia, sé fuerte, nunca pierdas la fe en ti mismo. No estás tarde, no estás temprano. Estás justo dónde debes estar y aquí te dejo algunos puntos que te servirán de guía para mantener un estado elevado de conciencia:

√ Deja de colocar tus metas al servicio de tus comodidades, el verdadero crecimiento se da fuera de la zona de confort.

√ Aprende a estar contigo porque todo viene de ti. Si no pasas tiempo contigo y aprendes a amarte primero ¿Cómo crees que ese amor puede reflejarse en los demás?

√ Tu convicción debe atender a tu corazón, no al deseo de los otros.

√ Perdona y perdónate. Basta ya de repetir ciclos.

√ Apuesta y conéctate con la trascendencia. Deja lo efímero atrás.

Responde para ti... ¿En quién se producen las consecuencias (positivas o negativas)?, ¿se producen en tu vida o en la de los otros?, ¿aún crees que puedes endosarles a terceros tu falta de actitud o tus decisiones? Tómate un tiempo en silencio ahí donde estás, y regálate estas respuestas que te ayudarán a avanzar.

RECONOCER PARA AVANZAR

Existen personas que tienen más éxito que otras, lo común es pensar, que esto sucede porque hay quienes tienen más oportunidades o recursos, pero, ¿qué pasa con las personas que hemos visto llenas de éxito sin contar prácticamente con nada para lograrlo?

Cada quien tiene el poder de cambiar su presente, bajo dos

conceptos: *emulando acciones y tomando decisiones.*

Cuando hablo de emular acciones, no hablo de imitar lo que no eres o de vivir experiencias que no se correspondan contigo, hablo de algo más valioso, buscar apoyo, inspirarte en quienes han transitado un camino lleno de desafíos que han sabido cómo superar.

Justo cuando la motivación falla, saber que otros han vencido te dará la fuerza y la entereza para vencer también, rodearte de buenos ejemplos puedes descubrir que sería conveniente para ti, hasta que tengas plena claridad de todas tus decisiones.

Por eso, al final de este capítulo, si ya tomaste consciencia es hora de voltear la tortilla, de pasar la página, aprender a escuchar, confiar, y entender la diferencia entre el anhelo y la visualización, para finalmente darte el permiso de no hacer las cosas que te están drenando energía.

Nuestra mente está llena de representaciones "ideales" o constructos internos, hechos por percepciones que se han formado en nuestro crecimiento como personas, ya sea con nuestras experiencias o los códigos mentales que hemos adquirido como parte de nuestra cultura.

Todos deberíamos aprender a entender nuestras limitaciones, saber que el proceso para identificarlas y abolirlas es toda una aventura de esfuerzo con compromiso que permitirá que vivamos mejor. Personalmente, tuve que luchar mucho para derrumbar patrones, porque repetirlos me impedía seguir, terminaba poniéndole límites innecesarios a mis objetivos inconscientemente para no poder alcanzarlos.

El momento perfecto no existe. El punto de quiebre más importante de este libro radica en darte la posibilidad de entender que las que creíamos "limitaciones", son estructuras que SÍ pueden ser cambiadas.

Es importante identificar esos códigos para luego desaprenderlos. Desde una creencia, se desarrolla nuestro potencial para realizar una acción, y este, nos dirá qué tipo de resultado obtendremos, veremos en lo largo del libro: Como le hablas a tu mente es determinante para llegar a tu cima, y si consideras que no eres capaz de lograr algo, déjame decirte que muy posiblemente no lo seas. Por el contrario, si al cuestionamiento de ¿quién soy y de qué soy capaz?, respondes cosas positivas, te empoderas y asumes todo ese potencial que nace de ti, entonces el cambio ya es un hecho.

 **EJERCICIO, DESCANSO Y ESCALADA**

Este es un buen momento para reconocer tus atributos, me refiero a eso que te caracteriza y te hace fuerte, no muchas personas son capaces de completar ésta lista, así que prepárate: escribe 50 cualidades, aspectos positivos que reconoces en tí, sí, 50, manos a la CIMA. Una vez que hayas culminado, abrázate, si crees todo esto de tí, lograrás lo que te propongas.

Tu talón de Aquiles como ser humano, es solo un impulso, tu debilidad es un trampolín, y todos tus defectos son la base de tus virtudes. Ten confianza en ti.

Volvamos a lo que te ocupa, si crees que esas situaciones, por las que estás pasando sólo te suceden a ti, te quiero recordar que, en algún momento, todas las personas han pasado por dificultades que enfrentan a su propio paso. Confieso que escribir este libro para mí fue terapéutico, me dio unas cuantas lecciones, una de ellas fue convertir el sufrimiento en felicidad.

Si lo analizamos bien, son las mismas nubes que sirven el cielo con lluvia, las que le dan la bienvenida al sol, es la misma copa de vino que levantamos para celebrar, la que ha sido moldeada bajo el fuego. Los prejuicios de nuestro ego y nuestros temores internos juzgan la adversidad haciéndonos huir dejando a un lado la gran oportunidad de modelar nuestro carácter.

Si crees en ti, dejas de esperar que otros te coloquen la palma en el hombro para ayudarte o apiadarse de ti, dejas de escudarte en la costumbre o el miedo injustificado a lo que puede pasar y comienzas a escuchar esa voz interior que te muestra cómo adueñarte de tu realidad.

Si quieres tomar una decisión, si algo amerita un riesgo, si existe algo que te asusta ¡Hazlo! No te quedes con la sensación de: "Que hubiese pasado si..." Nadie, absolutamente nadie, quiere despertarse veinte años después sintiendo que tomó todas las decisiones incorrectas y que ya no hay vuelta atrás.

Tu poder, tu instinto y tu racionalidad es lo que te permitirá tomar las decisiones que te harán feliz. Y si fallas, no te alarmes. Perdiendo también se gana y detrás de cualquier puerta cerrada existe un motivo de valor que tarde o temprano comprenderás.

Para obtener algo, sea lo que sea, están presentes tres elementos: La voluntad, el cómo y la intención. A esto yo le llamo el triángulo del logro:

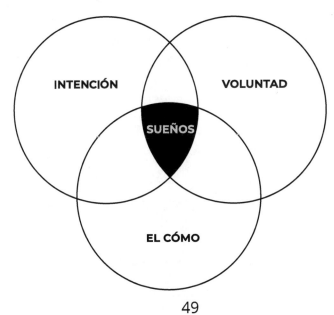

49

La voluntad es el deseo de visualizar el objetivo, el cómo representa el camino y la intención es ese por qué poderoso que mueve nuestros esfuerzos, esos que nacen de nuestra mente y espíritu para nunca rendirnos.

Los obstáculos aparecen justo después de reconocer tu cima, porque el destino te los envía para saber si tu intención es verdadera, por eso debemos enfocarnos en el propósito, y el cómo se dibujará como una pintura de acuarela, de forma más clara.

El escuchar y escucharte detiene el ego, da claridad, certeza, poder, entendimiento, y finalmente comprendes que el vivir se trata de decepcionar a la mayor cantidad de personas, con tal de no decepcionarte a ti.

 **EJERCICIO, DESCANSO Y ESCALADA**

Define tu por qué: es hora de ejercitar la magia que ocurre en tu interior cuando identificas tu intención de logro. Ya has mirado eso que deseas alcanzar después de preguntarte unas páginas atrás hacia dónde quieres llegar. Ahora te pregunto ¿por qué?, ¿por qué quieres mejorar tu cuerpo, resolver tu situación de pareja, o percibir más ingresos?, ¿por qué?

El por qué representa tu creencia, tu motivación básica para alcanzar ese objetivo, el porque es un impulso a la acción.

Escríbelo y te encontrarás con grandes sorpresas que servirán como faro en el camino, identifica varias respuestas para un mismo asunto y toma la claridad de tu intención como brújula para los pensamientos que te repites a tí mismo día a día, sobre esto quiero decirte:

Abre tu mente, no tu boca. Cuando naces, le das prioridad a aprender a hablar, claramente, es crucial que utilicemos las mejores palabras para hacer entender nuestro mensaje; pero, ¿en qué momento nos enseñan a escuchar nuestra voz interior y lo que el otro dice?

Es vital para que tengamos una buena comunicación, saber cómo escuchar especialmente sin juzgar, es una aptitud muy difícil de cultivar porque a diferencia del habla o del caminar, no es algo que desde pequeños estamos aprendiendo a gestionar, sin embargo, es algo que no puede faltar en nuestra estructura de valores.

Los valores, el pensamiento y la acción son uno. Mientras, tus acciones no están en coherencia con tus valores te sientes perdido, insatisfecho, sientes que las cosas no fluyen o que no vas por el camino correcto. Ahora bien, los valores de cada persona son diferentes, lo importante es identificar cuáles son los tuyos.

Carlos Buelvas

ESTE ES TU MOMENTO, VACÍA TU MENTE, DEJA A UN LADO LO QUE TE DETIENE Y ÁBRETE A LO QUE ESTÁ ESPERANDO POR TI.

Quiero que con nombre y apellido menciones esas voces que no te permitieron continuar, o que de un modo u otro te hicieron sentir que todo era imposible. Uno de los pasos más importantes, para todos aquellos que constantemente te dicen que no eres capaz, es darte tu lugar, y recordarles que SI puedes. Imagínate las veces que desde pequeño me dijeron que no podía hacer tantas cosas, que no podía criar a mi hijo sin su madre, que no podía trabajar y ser exitoso en lo que me gustaba, no podía irme del país y vivir en el lugar de mis sueños, entre tantas otras cosas.

Esas personas que te hirieron hoy son tus amigos espirituales que te enseñaron algo, pudieras juzgarlos, culparlos, arremeter contra ellos, pero si quieres ser entendido, debes comenzar por entender a otros, sabiendo que todos hacen lo mejor que pueden tomando en cuenta el lugar en el que están, si ellos hubiesen sabido cómo hacerlo mejor, lo hubiesen hecho. Todos están operando desde el nivel de conciencia que poseen, créeme, si aquellos que te decepcionaron hubiesen sido más sabios, habrían estado en contacto con ese héroe que todos llevamos por dentro, sus acciones hubiesen sido diferentes. Ellos eran tan ignorantes espiritual y emocionalmente como tú podrías serlo.

Este capítulo trata sobre reconocer para avanzar, no sólo reconocerte, sino mirar con lupa todo aquello que te sirvió de excusa y obstáculo. Tengo que ser sincero contigo, estos momentos demandarán mucho de ti, pues sentirás que estás dentro de una cámara sin aire y mucho peso sobre tus hombros. Así que, no desesperes, date tu tiempo, tu valor, visualiza la vida que quieres y mereces para ti.

Poner límite a las cosas que estás dispuesto o no aceptar, es un requisito que no puede faltar para mantener en orden tu estado mental y emocional positivo. La única mente con el poder de sacarte adelante es la tuya.

Lo que sientes juega un papel vital en el día a día. Si pensamos detenidamente en la trascendencia de nuestras emociones nos daremos cuenta rápidamente que son muchas las ocasiones en que éstas influyen decisivamente. Por eso es importante reconocerlas.

¿Qué hacemos cuando encontramos emociones negativas que creemos no sabemos manejar?

Ante todo, es clave no confundir los pensamientos con el estado emocional. Muchos creen que con tan sólo pensar de forma optimista, entonces nos sentiremos bien inmediatamente pero nuestra emocionalidad, no depende de la racionalidad, sino de otros elementos en conjunto como los sentimientos, la salud, y nuestro espíritu. Podemos ver a personas que meditan, leen y son supremamente inteligentes, sentirse miserables e insatisfechas porque la mente por sí sola aunque poderosa, no es la única que interfiere en cómo nos sentimos. Entonces, una de las enseñanzas que puedo dejarte es que antes de sólo hacerte un lavado de cerebro que te lleve a un detox emocional, busques tener un balance integral.

En cuanto a los pensamientos, lo más productivo no es evitar pensar negativamente, sino aprender a transformarlo todo en positivo, y ¿cómo logras esta transformación?, pues debes ser capaz de aceptar que en algún momento nuestro pensamiento fallará tanto como nuestra salud y nuestro espíritu, por ende, nuestra emocionalidad se verá afectada, sin embargo, en vez de enfocarnos en qué tan malo puede ser, te invito a que sigas estos pasos:

√ Deja de luchar contra los obstáculos.

√ Acepta el hecho de que los seres humanos tenemos miles de pensamientos negativos al día.

√ Reformula todos los elementos poco positivos en declaraciones poderosas y de acción.

 **EJERCICIO, DESCANSO Y ESCALADA**

¿Qué tal si lo ponemos en práctica? En el siguiente cuadro te doy la posibilidad de aplicar estos tres pasos. Anímate y escribe cuantos pensamientos vengan a tu mente y en la siguiente columna escribe uno a uno, pensamientos positivos que sustituyan lo anterior. Te recuerdo que el ser humano aprende por repetición, mientras más hagas este ejercicio, más proactiva será tu vida y más vas a disfrutar de un cambio de percepción.

Pensamientos Negativos	Transformación positiva

Mientras más profundos son los pensamientos, más profunda sera la transformacion que te ayudara a sanar y seguir adelante.

En caso de que te sientas solo con este ejercicio o en este proceso, y sientas que no tienes una red de seguridad que te brinde ese apoyo emocional necesario para tu desarrollo. Déjame recordarte que si lo tienes, yo estoy para ti y en cada uno de los pasos tomes estoy seguro que también encontrarás personas que te apoyen. Aunque es cierto que nacemos y morimos solos, en cada momento de nuestra vida siempre tendremos personas que nos ayudarán a surgir, que acompañarán nuestros pasos, serán nuestro soporte y una fuente de inspiración para salir adelante.

Si te has sentido identificado con algo que mencioné anteriormente, ¡quiero felicitarte! porque decidiste cambiar la forma en la que procesas todo lo que te pasa, te doy las gracias por hacerme parte de tu transformación, de este camino que es cuesta arriba y refleja una de las cimas más importantes a las que vas a llegar.

No es cuestión de un día o de un momento concreto. Los pensamientos y las energías que ellas traen son un hábito, hay que romper los que no nos funcionan, pero cuando veas lo sencillo que es dar el primer paso, comienzas a quitar el velo de todo aquello que creías que te impide llegar alto, haciendo que algo en ti jamás vuelva a ser igual.

AVANZA CON FIRMEZA:

√ Acepta el momento en el que estás.

√ Traza tu mapa hacia dónde quieres llegar.

√ Pregúntate ¿Qué te falta para llegar?, la respuesta será todo aquello que debes buscar.

√ Prepárate para dar el primer paso con confianza, mente abierta y disposición para aprender.

√ Comprende que el trabajo comienza por ti, que nunca estarás del todo solo y que siempre habrá alguien que te acompañe en el camino.

√ Abrete al des-aprendizaje.

2 AL PIE DE LA MONTAÑA

1 RECONOCIENDO MI SIMA

Carlos Buelvas
AL PIE DE LA MONTAÑA
SÓLO EL TRAMPOLÍN QUE TE IMPULSARÁ A SUBIR
TU "YO" DEL PASADO ES...

Capítulo

02

AL PIE DE LA MONTAÑA

¡Detente allí! Antes de dar otro paso, deseo que te comprometas a caminar un nuevo sendero, pero esta vez sin cargas.

LA IMPORTANCIA DE DESAPRENDER

El inicio de este nuevo camino debe ser sin pesos en la espalda, y te preguntarás ¿cómo suelto las cadenas?, ¿Cómo me desapego de eso que no me deja continuar?, pues la clave está en desaprender. Sí, el des - aprendizaje, te puede parecer cliché, pero su poder es tan grande que cuando te comprometes a enfrentarlo todo se transforma a la velocidad de la luz, porque venimos como contenedores que hemos llenado y pretendemos seguir llenando con pensamientos, creencias robadas, y opiniones de los demás... ¿Acaso no crees que en algún momento te vas a desbordar? Si ya lo has hecho, este es tu momento, vacía tu mente, deja a un lado lo que te detiene y ábrete a lo que está esperando por ti.

No puedes convertirte en un guerrero ante la vida con lo que ya eres, tu "yo" del pasado es sólo el trampolín que te impulsará a subir, pero antes de hacerlo debes acabar con tus expectativas sobre lo que es desaprender, este proceso será incómodo, te desafiará, te hará entrar en negación y muchas veces te hará sentir mal. Cambiar de mentalidad es como cambiar de piel, es un proceso de renovación que cuesta pero al mismo tiempo satisface ¿Te imaginas cómo se siente eso? Bueno nadie dijo que tenía que ser fácil, sino posible.

¿Por dónde comienzo? ¿A qué le digo adiós primero? Es algo que hemos revisado en páginas anteriores, solo quiero agregar que... En este proceso hay dos pasos, primero **el des-construir los patrones que ya tienes, que sería como desarmar un viejo rompecabezas,** porque para limpiar tus creencias primero debes desarmarlo todo, es necesario entender las piezas que te componen para asimilar mejor por qué eres quién crees ser, tus comportamientos, personalidad, tu forma de actuar, nadie más que tu debe estar preparado para entenderte, porque la recodificación mental no será total, hay partes de ti que aunque no lo quieras permanecerán contigo, tanto claras como oscuras, pero si no aprendes esto, pudieras ser demasiado duro contigo y terminar culpándote de cosas que no puedes controlar.

El otro paso, que nos pone entre la espada y la pared, que nos hace tomar decisiones **es la destrucción,** suena grande, suena extremo, suena duro, pero dentro de esas piezas del rompecabezas que ya desarticulaste, hay unas que no se pueden quedar, se tienen que ir porque no encajan contigo, con tu nuevo yo, con la vida que deseas crear ¡Así que prepárate para destruir todas las creencias! –o casi todas-.

EJERCICIO, DESCANSO Y ESCALADA

Cambio de hábitos: has identificado viejas creencias, te has despedido de algunos ciclos caducos, viste tus fortalezas y los pasos que te acercan a la CIMA, así que es buen momento para recalcular.

Te invito a hacer *una lista de aquellas costumbres o acciones concretas que pueden estar frenando tu ascenso.* Por ejemplo, aseguras que deseas iniciar tu propio negocio, pero pierdes gran cantidad de horas al día viendo las redes sociales o la tv, te levantas tarde y no llevas una agenda. Te pregunto, ¿Consideras que los hábitos de hoy te llevarán a la persona que deseas ser?

¡Vamos!, recuerda tu estado anhelado y especifica los comportamientos que te alejan de él.

Destruir es estar dispuesto a desalojar el confort, y comprender que antes de la paz mental y el triunfo pueden existir muchas guerras internas. Todo parte de cambiar lo que aprendimos desde pequeños, es normalizar lo que no parece común, el dudar, el no confiar en nosotros muchas veces, sentirte mal, el cambiar de rumbo o necesitar hacer una pausa, tener momentos de lucidez, de claridad y otros tantos momentos de catarsis son fundamentales. ¿Cómo te piensas transformar?, no puedes llegar a la cima de una montaña sin pasar por todas sus colinas.

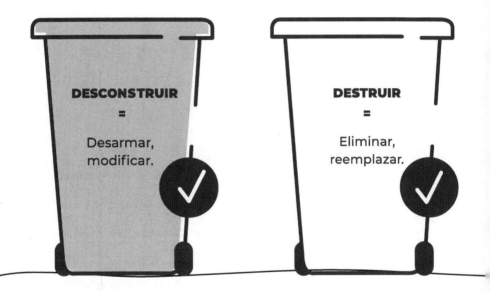

DESCONSTRUIR
=
Desarmar, modificar.

DESTRUIR
=
Eliminar, reemplazar.

Espero que en el inicio de este capítulo hayas aprendido la diferencia entre des - construir y destruir, aunque el crecimiento es un proceso que nos puede dejar moretones, cambiar el verbo, puede llevarnos a cambiar la acción, y cuando hablo de destrucción, no quiero que pienses que hablo de crear caos a tu alrededor, sino que comprendas que en una situación que podría parecer una tragedia, verás una belleza adyacente de donde nace la verdadera sabiduría, así que no te sientas culpable por lo que estás dejando atrás. ¡Bota esa bolsa de basura mental ya! y sé que dirás: - Suena más sencillo en la teoría que en la práctica - Porque estás yendo contra tu lógica de siempre, contra la costumbre, contra lo conocido, pero las personas que vuelan alto desafían la gravedad, los parámetros, cambian sus afirmaciones y se determinan llegar a la meta.

Dile adiós a cualquier percepción que te impide crecer, a esas verdades que creías absolutas, ni siquiera existe el bien y el mal, ¿qué es lo moralmente correcto? ¿Te lo has preguntado? A medida que crecemos, somos aprendices y maestros a la vez. Todo lo que guardamos en nuestra memoria lo vamos aplicando y compartiendo con los demás, mientras nos desarrollamos, más se convierten en parte de nuestra personalidad. Cuando somos adultos, vemos otros ángulos que no eran tan obvios o visibles que nuestros padres llenaban con versiones sencillas de la historia en nuestra niñez.

Mientras vamos madurando, en lugar de fantasías, hay facturas y deberes que no se solventan solos. Estos son ejemplos bastante sencillos, pero para ubicarnos en contexto, también nos han enseñado construcciones de la personalidad que quizá más adelante nos han hecho pensar "Nada es como yo creía".

¿Has dicho cosas cómo...?

• No debo pedirle mucho a la vida, porque puede herir a otros.

- Me tengo que conformar con lo que tengo.

- No puedo pedir más de lo que ya el universo me ha dado.

- Ser millonario o querer ganar mucho dinero es malo.

- ¡No soy bueno para esto!

- No tengo nada que ofrecer.

- Hay que arroparse hasta donde nos de la sabana.

- No valgo nada.

- Soy mayor o menor para hacer esto.

En efecto, no se trata de destruir los viejos marcos conceptuales sin aprender de ellos, sino analizar y cuestionar profundamente los aspectos que formaban parte de "lo viejo", sin renunciar a integrar parte de ellos en la construcción de "lo nuevo". Desaprender nos ayuda a pasar la página para diseñar y comenzar una ruta distinta.

En este capítulo te quiero explicar qué supuso para mí tomar la decisión de desaprender. Una decisión que ha transformado la forma que tengo de entender la vida y, por qué no decirlo, de entender el mundo.

EJERCICIO, DESCANSO Y ESCALADA

No se trata de buscar todas las respuestas, sino de hacer mejores preguntas. Sigue estos pasos y sé paciente contigo mientras caminas respondiendo a estas interrogantes:

1. ¿Reconozco lo que no me conviene? Escribe a qué estarías dispuesto a renunciar para llegar a la CIMA .

2. ¿Lo hago consciente?

3. ¿Evalúo y aprendo la lección en cada situación a la que me enfrento?

4. ¿Desecho las creencias que no me convienen y libero?

5. ¿Le abro la puerta a lo diferente? Menciona al menos 3 cosas que estarías dispuesto a hacer completamente distintas a partir de ahora.

Quiero compartir contigo algunos de mis desaprendizajes. Una de las cosas más importantes para mí fue internalizar que los errores son válidos, cuando había aprendido desde pequeño que todo tiene que hacerse de manera perfecta, resulta que no, la perfección no existe, todos hacemos lo mejor que podemos, y aun con errores, es lo que lo hace ideal para nosotros.

Otra noción que tuve que desaprender fue que la universidad es necesaria para alcanzar el éxito, no te frustres si la universidad no es para ti. Hay muchas maneras de triunfar profesionalmente y más importantes, quizá lo que significa éxito para ti no lo es para otros, y no significa que la educación no sea valiosa, en mi caso no terminé la universidad, me sentía decepcionado, debía trabajar y durante mi tiempo de estudio no aprendí lo que esperaba, sabía que en el ámbito de los negocios podía dar mucho más. No puedo negarlo, me sentí mal porque no me gradué, pero el tiempo y la experiencia me enseñaron que esa decisión me traería a donde estoy hoy. La abundancia y la prosperidad no dependen de una nota escolar, sino que depende de nuestras habilidades y nuestra mentalidad.

Si eres papá o mamá, te entiendo, sentimos que como padres tenemos la responsabilidad de enseñar lo mejor, sin embargo, ¿Qué otra cosa podemos enseñar sino es lo que sabemos? Hacemos lo que creemos mejor y no existe un manual que nos diga cómo ser excelentes ante situaciones que nadie puede predecir.

¿Por eso, ves lo importante de pasarle el switch a tu mente? Es en ese momento preciso, en el cual debemos elegir hacer uso de nuestra consciencia antes que reaccionar, no es solo quedarse en "esto no es como yo creía...", sino además decir "¿Cómo sería si...?" ¡Qué diferente sería! si enseñamos no sólo desde la experiencia sino desde el des-aprendizaje. Hackear tu conocimiento de este modo, te permite internalizar lo que ya no necesitas y tomar las nuevas virtudes para seguir aprendiendo.

Da miedo pensar tan fuera de la caja, salirse de la línea recta, despertarse un día y entender que no todo lo que creías era cierto, que eres responsable de tus acciones y de renovarte, para que seas la mejor versión de ti y no solo eso, sino cómo salir de tu Sima y encontrar el único modo posible de llegar a tu verdadera Cima, a través de la introspección. No eres víctima de tus circunstancias, eres el resultado de tus esfuerzos, y tienes el deber de seguir y enfrentar tus creencias para discernir qué te conviene a ti, y sólo a ti.

¿Cuándo lo vas a reconocer? Los demás no tienen control sobre tu programación, ni sobre las cosas que te transmitieron, tú decides si tomas la responsabilidad de hacer consciencia.

 **EJERCICIO, DESCANSO Y ESCALADA**

Te invito a hacer una lista mental de las situaciones que te confrontan, de las situaciones difíciles por las que hayas pasado, y de las lecciones que no viste. Observa todo desde esa óptica, no desde la negativa, sin sentimientos de rencor o arrepentimiento, sólo hay aprendizaje. No importa cuán doloroso

69

sea, permítete descubrir lo que te dejó el pasado y hacer las paces con ello.

Esos momentos difíciles, ahora serán positivos, te enriquecerán, y entenderás que forman parte de quien eres. Si jamás hubiesen existido, no serías la persona que hoy lee estas palabras, ni hubieses logrado las metas que te llenan de orgullo, ni las que te propones a partir de ahora.

Lista de momentos difíciles y lo que aprendiste de cada uno de ellos...

1.———————————————————————

2.———————————————————————

3.———————————————————————

4.———————————————————————

5.———————————————————————

Puedes guardar esta lista que imaginaste para recordarte lo fuerte que eres, o tan sólo escribir y desecharla para dejar ir lo que te agrega cargas innecesarias, ¡tú eliges! date el permiso de hacer algo. El escribir las cosas te da una perspectiva más amplia y concreta, esta práctica tiene por nombre Journaling o "llevar un diario" y produce los efectos de hacer un detox emocional.

Los analfabetos del siglo XXI no serán aquellos que no sepan leer ni escribir sino aquellos que no sepan desaprender, de este modo explica que a través del cambio sólo será posible la evolución. Adaptarnos o morir, adaptarnos o involucionar. Ahora bien, ¿Qué pasa cuando nos quedamos vacíos? ¿Cuándo desechamos todo lo que se supone que no nos conviene?

Ese vértigo o euforia que sientes cuando crees que lo has dejado todo atrás es el motor que te invita a vivir y fortalecer tus creencias positivas, el cómo te sientes al repetirte: ¡Si puedo!, ¡Soy suficiente!, ¡Soy valiente! Es una emoción que sin duda necesitamos mantener y reservar para escalar lo que queda de montaña, por eso te invito a anclarlas.

Siempre asociamos las ataduras a algo que puede dañarnos más que favorecernos, pero esta técnica increíble de PNL (programación neurolingüística) que uso en mis sesiones trata de asociar una emoción con el mundo físico o con un hábito que nos haga recordar cómo es sentirse bien, digamos que buscas acceder a tu poder personal, y creas un gesto, una palabra, un mantra... O incluso un movimiento que te recuerda cómo es sentirse así de bien, imagínate qué fácil es, entrar en tu estado de felicidad o de poder con tan sólo un recuerdo, que te estabilice cuando lo necesites y que te haga feliz.

EJERCICIO, DESCANSO Y ESCALADA

Mi fórmula es la siguiente:

1. Elige una situación en la que hayas experimentado el sentimiento que quieres anclar o generar uno nuevo (que sea positivo). Ponte cómodo, en un espacio en el que sepas que no tendrás interrupciones.

2. Cierra tus ojos y revive ese sentimiento o situación. Hazlo intensamente, reconstruye toda la escena, los detalles, el entorno, el olor, lo que veías, quién estaba contigo y lo qué hacías.

Si es un sentimiento nuevo, imagina como te desenvuelves con esa energía por dentro, en quien te conviertes cuando actúas con vibra positiva ante cualquier circunstancia.

3. Intensifica las imágenes dándoles más fuerza. Más energía. Más importancia.

4. Cuanto sientas que has llegado a ese pico alto de la emoción, ánclalo. ¿Cómo? Asocia un activador, un "gesto ancla", presionando o moviendo suavemente una parte de tu cuerpo,

recordando un sonido, o una canción. La intención es que ese "activador" te lleve una y otra vez en el futuro, a un estado placentero.

Potencia todas esas cosas gratificantes, porque, aunque lo desees no es humanamente posible estar en un solo estado de ánimo todo el tiempo, así que enciende las alertas mentales que te producen recaídas y sal de ellas con mayor facilidad.

Jamás detengas tus decisiones, paralizarse nunca será la mejor opción, con los cambios en el ser vendrán cambios en el hacer, y obvio repercutirán en el tener, desarrolla la disciplina, mantén tus hábitos y tu biorritmo incluso en el peor momento, respeta lo que eres, tus valores y te mantendrás en el lado de la historia donde juegas a ganar. **Cuando estés incorporando nuevas cosas a tu vida asegúrate de: conocerte a ti mismo, aceptar el cambio, soltar el control y moverte siempre hacia la acción.**

EL PODER DEL MERECIMIENTO

Hay tres ejes importantes establecidos por el universo y guiados por la acción: el destino, la función y la misión. Y creo que después de explicar cada uno le encontrarás mucho más sentido a las cosas que nos ocurren. **Los mensajes más contundentes en la vida, no se buscan te encuentran.**

Tu destino: NO es un plan perfecto construido por Dios, pero sí es nuestra lista de pendientes, nuestra guía de estudio, nuestro mapa a recorrer para comprender cosas que son necesarias aprender. En cada camino que transites habrá algo del destino, enseñanzas y momentos que están hechos para ti. ¿Ahora entiendes porque hay tantas puertas que se cierran? Tu camino debe atender a tu esencia y lo que eres.

Si hoy no entiendes lo que está pasando a tu alrededor, pregúntate ¿cómo me siento? ¿cómo vibro?... Como la raza animal olfatea los miedos; el universo, nuestro alrededor, las personas que amamos, todos perciben nuestro interior **y no podemos desear aquello que día a día inconscientemente estamos alejando,** pues jamás llegará, tenemos que jalar las cuerdas energéticas hacia lo que queremos. El sentimiento de frustración, atraerá más frustración y el sentimiento de merecimiento atraerá lo que realmente quieres.

Tu espíritu no puede tornarse de blanco a oscuro por los inconvenientes en el camino, sobre todo cuando tienes la oportunidad de poner en marcha herramientas que te lleven a lograr cumplir las metas y superar los obstáculos que el destino utilizará como prueba a tu voluntad. En vez de debatir contigo, toma conciencia de tus pasos porque todo lo que haces, te lleva de vuelta a ti.

Para romper las cadenas del desmerecimiento, cada vez que

uno de estos momentos de aprendizaje te impacte, libérate, suelta y entrégate a recibir. Lo mejor de este camino llamado vida es saber que somos capaces de superarlo absolutamente todo.

Al fluir en cada una de las situaciones analizarás más fácilmente qué función tenemos, existe un papel y un rol (o varios), que a lo largo de los años vamos a cumplir en una posición y lugar determinados, sólo en ese instante aprenderás de tu destino, es allí donde necesitarás estar, aunque a veces no lo desees. Esta función puede formar parte de tu identidad, y a su vez te acompañará en el trayecto hacia tu misión. No es algo a lo cual debes resignarte, es apenas una posición transitoria que te hace fuerte, te prepara para llegar a lo que tanto deseas, para el desarrollo de tu pasión, con todas las lecciones aprendidas, todos los recuerdos en la maleta, con conciencia del aquí y del ahora.

De seguro por tu mente pasan cosas como: "Si no cumpliera una función bajo un camino llamado destino, nada malo o vergonzoso pasaría", así es el instinto conservador y preventivo del ser humano, que a través del miedo evita que salgas herido, pero también evita que te arriesgues y que vayas más allá para fortalecerte y empoderarte.

Con todo esto quiero decirte que, necesariamente hay cosas que debemos pasar, vivir y superar, no nos eximimos de eso, una persona pudiera estar toda su vida en esa etapa de aprendizaje hasta tanto no internalice las lecciones. No existe la posibilidad de vivir lo menos posible, para aprender lo más posible, hay caminos que necesitan ser largos para prepararnos, descubrirnos y enfocarnos en nuestro propósito.

Esas lecciones tienen un poder, no puedes tocarlas, ni palparlas, pero son momentos de claridad que valen mucho más que años de preparación. Son tiempos en los que encontramos la lógica y el sentido al pasado, nos preparan para vivir el presente, y diseñar un mejor futuro del cuál sí queramos formar parte.

EJERCICIO, DESCANSO Y ESCALADA

Declaración de merecimiento: nadie más que tú puede determinar todos los tesoros a los que puedes acceder, así que voy a invitarte a escribir ¿cuál es tu nueva historia de vida?, sí, escribe en tiempo presente esa historia que deseas vivir, hazlo como si ya estuviese ocurriendo, con todos los detalles de las cosas maravillosas que tienes derecho a experimentar. Eres tu propio guionista, así que sé generoso contigo.

Lee esta declaración a diario, renuévala si lo deseas, pero sobre todo cree que es posible.

Hasta este punto de nuestro viaje, tengo fe de que estás despertando, aprendiendo a merecer y a amarte. Sin importar la razón por la cual estás leyendo este libro, sea porque deseas cosechar éxito, abrir tu mente o ser más resiliente, ya hemos dicho antes, que el cómo te tratas es un reflejo de lo que obtienes, es inútil hablar de merecimiento, de dominio o liderazgo personal si no has aprendido a apreciarte.

Hoy en día, las redes sociales te recuerdan a diario a través de mensajes bastante rebeldes que "debes amarte tal y cómo eres", "que debes abrazar tus defectos", pero cuando hablo del amor por ti, me gusta ir mucho más allá que mostrar nuestras cicatrices y sentirnos bien con nuestro cuerpo o imagen, me refiero a algo mucho menos superficial que eso.

La garita del éxito se abre desde adentro no desde afuera, de lo contrario lo único que adquirirás aquí será información y los preceptos intelectuales para mejorar, pero no lograrás conseguir esa mejora en la vida real. Amarte, evitará que al llegar a puntos de inflexión comiences a autosabotearte o decidas tirarlo todo por la borda, insisto, **no subirás más alto en el exterior del nivel que sientes que tienes en el interior,** evita caer en el tan conocido síndrome del impostor, que le hace creer al mundo que está haciendo el trabajo cuando realmente obtiene cero resultados.

El amor que sientes hacia ti no es un estado mental, es más

bien un estado del corazón-, que se alimenta por las heridas o el amor de tus influenciadores primarios, sin verdadero autoaprecio no sentirás que lo mereces todo, por el contrario, tomarás como realidad los trailers de la película que ves en el mundo online, reflejos que otros te muestran para hacerte creer que eso es todo lo que hay: lujo, éxito sin trabajo, excentricidades y excesos. Cuando menos te des cuenta estarás comparándote con el mundo.

Si vas a adoptar una máscara, que sea la de la aceptación, que no sea la de la validación digital, porque si cedes tu poder interior que es lo único que puedes controlar, entonces tu crecimiento estará en manos de otros que no están necesariamente preocupados por lo que es lo mejor para ti. Por eso voy a compartir contigo cuatro hechos que pueden impulsar ese amor interno para que tu nueva armadura sea la autoestima y la autoconfianza, y te conviertas en un guerrero que defiende su paz en este mundo de grandes contradicciones. No hay mejor persona que tú para hacer el trabajo e identificar quien eres ahora, así que:

Primero, honra lo que te hace especial. Hay más de siete mil millones de personas en ese planeta, pero no hay nadie con tus cualidades exactas, nadie con tus dones, nadie habla igual o se mueve como tú, mucho menos tienen las mismas esperanzas y sueños. Reconocer lo que te hace único no tiene que ver con alimentar tu ego, sino con diferenciarte y desde tus diferencias aportar valor.

No te conviertas en un "asaltante", que toma del mundo, de los espacios y las personas lo que cree que le pertenece. Recibirás lo que ofreces, por eso no sólo debes saber quién eres sino apreciarte de verdad, lo cual forma parte de dar y recibir en abundancia.

Segundo, honra los pequeños esfuerzos, estamos tan enfocados en el desenlace de las situaciones que no prestamos atención a las acciones heroicas que emprendemos día a día, cuando son estas las que llenan nuestro jarrón de satisfacción personal: comenzar un nuevo trabajo, ser papás o mudarnos de hogar, todo nos parece tan común porque "otros lo hacen", pero ¿Qué ha significado para nosotros dar esos saltos que parecen diminutos ante el mundo? Todo lo bueno que obtenemos requiere cierto nivel de riesgo y debemos aplaudirnos por asumirlos. Cada uno forma un momentum y ese instante es una plataforma de crecimiento, aprécialos porque de la satisfacción personal nace el auto respeto.

 EJERCICIO, DESCANSO Y ESCALADA

Sabes que el propósito de estas pequeñas pausas es que lleves a la práctica todo lo que estamos compartiendo, así que ahora voy a proponerte que hagas un diario de logros. Al final del día regálate 1 minuto para escribir todo lo bueno que te sucedió, lo que lograste en el día, situaciones superadas, pequeñas metas alcanzadas, todo cuenta en esta reprogramación de tu percepción.

Tercero, claridad y quietud. De la meditación y la reflexión en medio del silencio nacen las mejores respuestas a las situaciones más difíciles. ¿Cuándo fue la última vez que apagaste tu teléfono o que viajaste a algún lugar sin señal? Estamos tan atrapados en el "mostrar", el "exhibirnos" en todas nuestras facetas, que no nos expresamos a plenitud. Tendemos a ver la soledad como algo supremamente negativo, pero el tiempo en intimidad contigo es el primer canal para aprender a desenvolverte en tu autenticidad frente a otros.

En ese contacto con lo esencial: el alma, el corazón y los pensamientos, recuerda tus prioridades, te encuentras para descubrir que no eres tus inseguridades, tu pasado, tampoco eres ese rencor escondido o las discusiones de la semana, allí comienza a asumir que eres un guerrero, un líder, que eres un vencedor de las adversidades ¿No te parece maravilloso? Poder mantenerse de pie con la fuerza interna de un ejército, mientras hay tantos allá afuera confundidos.

Cuarto, honra tu amor por los demás, a través de acciones diarias que desprendan generosidad, te recuerden cuán útil y necesario eres para el mundo. Si quieres ser alguien reconocido, ¿qué tal sería desprenderse de la creencia de ser famoso y alinearse con la idea de ayudar? Si tu propósito no viene del ego sino del servicio, notarás cómo tú huella e impacto crecerá cada día más.

¿Recuerdas lo que te comenté anteriormente sobre el merecimiento?, y ahora que has recorrido los pasos para impulsar tu autoestima, te has preguntado ¿por qué se hace difícil creer que somos dignos de recibir cosas buenas?, decimos ¡es demasiado! Cuando alguien nos da un regalo, caemos en un estado de sorpresa, incluso muchas veces no nos atrevemos a expresar afirmaciones que impulsen el poder de ese momento porque aún no estamos convencidos de que lo merecemos.

Si tienes alguna meta en tu mente, el primer paso para cumplirla es reconocer que SÍ eres merecedor, que SÍ lo vales, que SÍ es para ti, que SÍ tienes la capacidad. Puedes tener lo que quieras si estás dispuesto a renunciar a la creencia de que no puedes tenerlo, esos topes mentales que comienzan con un "NO" nacen porque partes de la imposibilidad de las cosas, desde todo lo incompleto, desde las brechas, desde todo lo que puede salir mal, o lo que no fue, pero no desde la oportunidad, desde la posibilidad. Por eso, me gusta vivir como si fuera el pez más pequeño en la pecera más grande, para dar espacio al aprendizaje y poder crecer más. Yo trabajo el merecimiento a través del agradecimiento, alegrándome por los éxitos de los demás, ampliando mi visión, sabiendo que si otros pueden yo también.

¿La CIMA está cerca?

Solo tú puedes escoger la montaña que deseas subir: no te dejes llevar por los comentarios de los demás, que dicen "esta es más cercana", o "aquella es más lejana". Vas a gastar energías y entusiasmo en alcanzar tu objetivo, por lo tanto, eres el único responsable y debes estar seguro de lo que estás haciendo ¡amplía tu perspectiva!

Si no sabes desde donde partir busca esas referencias de éxito que tienen el balance de lo que tú deseas ser, hacer y tener. Léeme con cuidado, escucha mis palabras como si estuviera hablando a tu lado, porque vas a invertir tiempo en alcanzar tu objetivo, por ende, tienes que estar seguro que tus esfuerzos están bien posicionados. No te culpes si cada día que pasa deseas mejores cosas o llegar a más lugares, eso precisamente es entrar en el ranking de los mejores escaladores de CIMAS, saber que no hay fronteras para tus deseos.

Comúnmente, ves la montaña de lejos, llena de desafíos, pero cuando intentas acercarte, ¿qué ocurre? está rodeada de carreteras, entre tú y tu destino se interponen bosques, es decir, lo que parece claro en el mapa es borroso en la realidad. Por ello, intenta todos los caminos, todas las sendas, aprende de quien ya caminó por ahí y apóyate en quienes quieren verte llegar, eres único. Busca a un mentor, alguien que te inspire, que pueda hacer que entres en razón, que pueda prestar su sabiduría y experiencia cuando no todo el mapa parece estar dibujado.

Cuando empieces a subir la montaña de tus sueños, presta atención a lo que te rodea, si sabes por dónde escalar elegirás de forma inteligente qué riesgos tomar. El paisaje cambia, así que aprovéchalo siempre con tu objetivo en mente: Llegar a la cima.

EJERCICIO, DESCANSO Y ESCALADA

Caminos alternos: un ascenso es cualquier cosa menos una ruta recta, por ello debes entrenar tu mente para cambiar de escenario si hace falta. Empecemos, escoge una situación que te ocupe en éste momento y escribe 3 posibles soluciones para la misma. De ésta forma te acostumbras a siempre tener más de una alternativa cuando el plan A no funciona. Puedes aplicar este ejercicio las veces que desees.

A medida que vas subiendo puedes ver más cosas, detente de vez en cuando para disfrutar la vista y valorar el recorrido. A cada metro conquistado, puedes ver un poco más lejos.

En ese camino recuerda:

• Encontrar tu ritmo y tu forma de emprender el camino.

• Dejar de repetir todo el rato "Voy a conseguirlo". Tu alma ya lo sabe. De nada sirve obsesionarte con la búsqueda.

• Prepararte para caminar un kilómetro más. El recorrido hasta la cima de la montaña puede ser mayor de lo que pensabas. No te engañes, llegará el momento que lo que parecía cercano, estará realmente muy lejos.

• Alegrarte cuando llegues arriba. Llora, aplaude, grita a los cuatro vientos que lo has conseguido, deja que la altura purifique tu mente, abre los ojos, limpia el polvo de tu corazón. Piensa que lo que antes era apenas un sueño, una visión lejana, es ahora parte de tu vida. Lo conseguiste. Estás en la cima y tienes todo el derecho de estar ahí.

• Comprometerte. Aprovecha que has descubierto una fuerza que ni siquiera conocías. Prométete descubrir otra montaña, y así tener una nueva aventura. Cuenta tu historia. Ofrece tu ejemplo. Di a todos que es posible, enséñales el camino y así otras personas sentirán la valentía para enfrentarse a sus cimas.

EL PODER DE LA MANIFESTACIÓN

«Los pensamientos se convierten en energía muy poderosa cuando se combinan con la exactitud del propósito, la perseverancia y el deseo de convertirlas en realidad»

Tiempo atrás en un vuelo de ocho horas, de Madrid a Miami, pensando y pidiéndole a Dios una señal, una oportunidad, diciendo: - Dios mío, si está en mí vivir en Estados Unidos, dame una guía, una señal para que yo diga ¡es este mi camino! - Cuando me bajé del avión tenía tres mensajes de personas que hicieron posible esta manifestación. Durante ese vuelo no dejaba de orar, rezar y pedir, pasaron tres años desde que recibí esos mensajes hasta que finalmente pude vivir aquí en Estados Unidos, fue allí cuando entendí las primeras lecciones sobre la manifestación:

• El universo no te concede deseos sólo en función de lo que quieres, sino que impulsa realidades desde lo que eres. Ahora bien, ¿realmente sabes quién eres? Espero que hayas podido explorarte lo suficiente en los capítulos anteriores.

• Yo sabía que estaba listo, que lo merecía, y desde el merecimiento pedí las señales desde el corazón, con todas mis fuerzas y la más clara intención.

• La manifestación es más acción que visualización, me tomó años poder convertir esas señales que recibí en la vida que quería, tuve que prepararme para ello desde lo interno hacia lo externo.

Solemos creer que la manifestación ocurre en ese plano paralelo que se circunscribe solo a nuestra energía y nuestra mente, y aunque sí, estamos llenos de energía y espíritu, se requiere poner a trabajar cada parte de ti para que todas las visiones salgan del plano cognitivo, hacia el plano material ¡Que poderoso saber que la magia la tienes en tus manos!

En Venezuela, me desempeñaba como un empresario, por mucho tiempo creí que ese era mi único llamado, sin embargo, lo que sentía y se siente verdadero para mí es esto, estar aquí, hablándote a través de estos capítulos. Sólo cuando reconocí las semillas plantadas años atrás, vi que comenzaron a florecer frutos en la dirección correcta. Lo que hago hoy es como un acto natural para mí, como si estuviese hecho para esto, es mi pasión.

A veces nos podemos sentir contrariados, lo que el mundo nos dice y lo que sentimos en nuestro corazón pueden parecer cosas totalmente distintas, y la clave de la manifestación es saber lo que realmente quieres, por qué y para qué lo quieres. Si no estás en ese lugar, aunque suene cliché, hay preguntas poderosas que, si te las haces a diario, te llevarán del deseo a la asunción, de la asunción al decreto, del decreto a la materialización.

Carlos Buelvas

MI PROCESO
DE MANIFESTACIÓN

(Que también puede ser el tuyo)

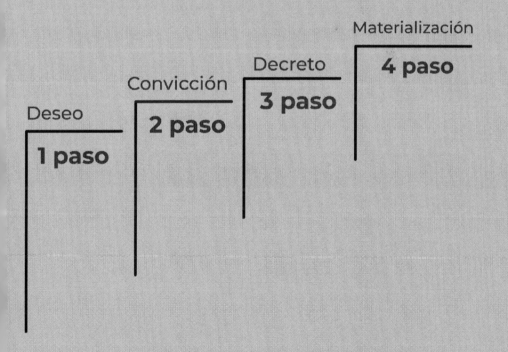

¿Quién soy? ¿Qué es lo que realmente quiero hacer? ¿Qué quiero que piensen de mí cuando esté muerto/a? ¿Qué cambios quiero generar? ¿A dónde quiero llegar? Si no sabes las respuestas aún, déjame decirte que, **saber lo que NO quieres manifestar y lo que NO quieres hacer puede ser un gran punto para comenzar,** descartar las opciones de vida que no te llenan, te impulsa a buscar aquello que si cala contigo, estar en el sitio incorrecto te hará reconocer cómo se siente estar en el lugar correcto, donde reside tu pasión, tu paz y tu tranquilidad.

Si tuviera que elegir un elemento importante para discernir todas esas decisiones, diría que la intuición nos recuerda que las respuestas siempre están allí, se requiere sabiduría, valentía y coraje no sólo para verlas, sino enfrentarlas y defenderlas ¡Es mejor que estés listo cuando la oportunidad llegue!

EJERCICIO, DESCANSO Y ESCALADA

Ejercitando la voz del corazón: la intuición puede ser explicada desde la fé y desde la ciencia, hoy yo te pido creer que efectivamente gozas de una voz interior que te guía hacia tu máximo bienestar. Practiquemos escucharla: ubica un lugar apacible y coloca ambas manos sobre tu corazón, cierra tus ojos y respira profundo, ahora trae a tu mente alguna situación que desees resolver, centra tu atención en tu corazón y permite que imágenes, voces, olores , sensaciones, lleguen a tí, estoy SEGURO que recibirás alguna pista de cómo transformar esa situación a tu favor.

Pero atención, recuerda que el alma habla en metáforas, te entrega información para que puedas interpretarla en paz, así que no te frustres si al principio no le encuentras sentido a lo que percibes. Confía.

Aquellos que no se preparan y anticipan para lo que viene demuestran el poco carácter y confianza en ellos, no se preparan porque en el fondo no se sienten capaces de poder lograrlo, si esta es tu posición y en algún momento crees que alguien más te da por sentado, no reconoce tu valor o te subestima, recuerda que no es responsabilidad de los demás confiar en ti, es tu responsabilidad mostrarle a los demás que estás convencido de lo que eres capaz.

Habrá cuestionamientos clave que te harán reconocer si el paso que estás dando te deja un poco más cerca de tu manifestación, como: - ¿Esto se siente bien? - aunque suene egoísta, es lo único que importa, que puedas sentir en el centro de tu estómago que todo está bien incluso tomando elecciones que todos te aconsejan que no tomes, si te hace sentir completo está bien, ¿cómo crees que vamos a poder contribuir al mundo si a nuestro rompecabezas interno le faltan piezas?

Aquellos que viven su "sueño americano", lo viven porque fueron lo suficientemente humildes como para desprenderse de cualquier mandato externo y ser fieles a la llamada de su misión. Por lo tanto, asegúrate de que la posibilidad de una nueva realidad no sólo parte desde la superficialidad que implica tener dinero o fama, sino desde donde se crea el verdadero poder, donde tu personalidad y lo que dibujas a tu alrededor sirven a tu naturaleza.

Carlos Buelvas

VACÍA TU MENTE Y DEJA A UN LADO LO QUE TE DETIENE.

CONFÍA Y ENTRÉGATE A:

√ Desaprender para aprender, para innovar y ser feliz.

√ Comprender que el secreto del merecimiento comienza con la capacidad de valorarte, aquello que recibas será tan grande como la valía que reconoces en ti.

√ Entender que esta parte de trayecto se resume a una sola frase: dejar de resistirte a lo que eres y a lo que sientes que es tu realidad.

√ Imaginar, porque para manifestar lo que quieres debes visualizar primero cómo se siente tener eso que deseas ahora mismo, tu punto de atracción es ahora. Por lo tanto, lo que sea que estés sintiendo ahora y en lo que te estés enfocando es con lo que estás en armonía vibracional atrayendo a tu vida.

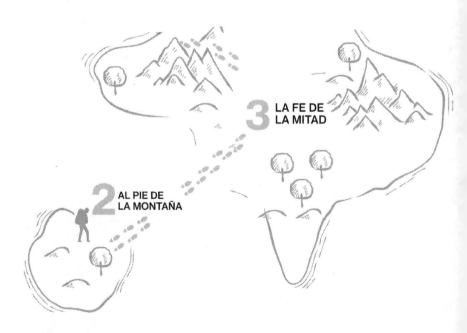

Carlos Buelvas

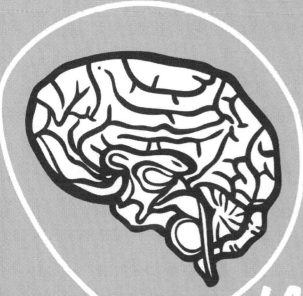

LA FE DE
LA MITAD

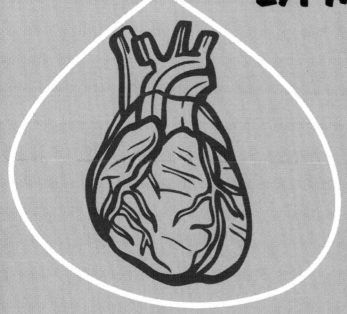

Capítulo 03

LA FE DE LA MITAD

Acostúmbrate y dale el poder a tu mente de ver todo lo que le puedes ofrecer en propósito, servicios, negocios, conectar nuevas personas y aprender cada día desde donde otros ven dificultades. Concéntrate en las oportunidades, confía en que lo resolverás, enamórate de los retos, asume riesgos y persiste hasta lograr el éxito que quieres.

NO LE TEMAS A LOS TROPIEZOS, APRENDE DE ELLOS

La mitad. El medio. El punto exacto entre el comienzo y el final. Suele ser también donde te estancas, porque las piedras son más duras, más difíciles de mover, más resistentes a tu fuerza. Es también cuándo solemos rendirnos, o creer que no podemos dar más y donde sentimos la tentación de regresar a lo conocido.

Sin embargo, ¿Te cuento un secreto?

Los obstáculos son las verdaderas pruebas que casi nunca se encuentran a mitad del camino, aunque ese es un interludio lleno de grandes incertidumbres, siempre se encuentran mucho más allá, y por lo general, casi al final cuando estás a punto de cumplir tú gran meta. Quiero ayudarte en este capítulo a descubrir las verdades del porqué te sientes estancado y a entender que el que te sientas así no significa que realmente lo estés.

A veces la frustración de un inconveniente nos hace creer que vamos por mal camino, cuando realmente, solo está siendo probada nuestra resiliencia. A partir de esto, quiero que construyamos el mejor modo para salir de aquí y moldear el camino para tocar la cima. Con toda certeza puedo decir que cuando más obstáculos encuentres y más difícil sea tu situación, más cerca estamos de los resultados. El éxito, se encuentra más allá del miedo.

EJERCICIO, DESCANSO Y ESCALADA

Mi mejor error: ésta dinámica me divierte mucho, porque seguro estoy que a muchos de nosotros nos dijeron que equivocarse estaba mal y hoy se que es parte de mi evolución.

Tengo un buen amigo que agradece cada vez que se cae un negocio, cada vez que le cancelan una cita, el me dice "Carlos nada pasa por casualidad", y gracias a él y a muchas otras experiencias ahora practico lo siguiente:

Escribe una lista de 3 "errores" que cometiste o situaciones que no se dieron en tu vida y que después se convirtieron en una gran oportunidad o bendición.

Tu estado permanente, no hay nada más decepcionante que sentirse seguro en la mediocridad, tú puedes transformar la incertidumbre en poder, y borrar de tu mente el "Ya no puedo más", ¡Aguanta!, **la grandeza se logra haciendo con excelencia lo pequeño,** deja de echar de menos lo que tenías y utiliza lo que tienes, porque todo lo que creíste que perdiste era sólo el primer trampolín. Si has llegado a este punto de la lectura, a esta etapa tan crucial, felicítate porque has avanzado mucho:

- Ya reconociste tu momento de mayor profundidad y los factores que te llevaron a dónde NO quieres estar.

- Ya desaprendiste cualquier creencia, patrón, parámetro o estándar que ya no se alinea a tus valores, esencia y esa nueva versión de ti.

- Entendiste que eres merecedor y aprendiste a confiar en ti mismo.

- Aclaraste tu mente, te sinceraste sobre lo que quieres lograr.

- Te preparaste para manifestar y diste tus primeros pasos.

- Ahora estás en la mitad, acaso ¿No te gustaría ver cómo

termina todo esto?¿No te gustaría ver hasta dónde puedes llegar?

¡Y ni te atrevas a devolverte o quedarte en la parálisis! uno de los peores errores que cometemos cuando nos sentimos perdidos es querer volver al pasado, porque de alguna forma ese fue nuestro lugar seguro en algún punto de toda esta historia, pero cuando te das cuenta que ese sitio forma parte de algo o alguien que ya no eres, y que ya no corresponde a ti, entonces entiendes que la única forma de encontrarte es moverte hacia adelante desde lo que ya creaste, si, es el momento indicado para agradecer.

El hablar de agradecimiento es una de las cosas más importantes que tengo para compartir contigo. En cada aspecto, incluso los que sientas más negativos, es propicio que recuerdes que existe algo que te da aliento, que te mantiene vivo, que te permite respirar, y porque vives puedes crear. Deja de echarle tareas que son enteramente tuyas a ese Dios en el que crees, incluyendo superar esos momentos que denominamos "tropiezos"

Los tropiezos son esas situaciones que nos retan a continuar, cuándo y cómo los superamos dice mucho de nosotros. Créeme, he pasado por eso, cuando creo que doy dos pasos adelante y retrocedo cinco pasos más, aquí la persistencia y la fe son vitales, serán los detonantes más importantes para impulsarte.

El éxito muchas veces esta disfrazado de fracaso y todo se vuelve negro antes de que salga el sol.

Quizás estás leyendo este libro porque te encuentras a la deriva y sin guía, muy probablemente mis palabras sobre el estancamiento resuenen en tu cabeza, todos nos encontramos en diversos procesos a la vez. Quizá te sientes estancado en este momento con algún trabajo, o en alguna relación, y no ves una salida fuera de esa desesperación de no saber qué hacer.

No desesperes, solo es una prueba más del universo para que valores la cima y seas humilde con otros. En vez de pensar que el mundo es injusto y quejarte, te recomiendo que te detengas y mires el problema, como una situación que no es un problema, es sólo una situación, como me gusta llamarlo, algo temporal que en cualquier momento cambiará.

Recuerda que la vida no es una carrera, toma un respiro y reflexiona. Cuando te enfrentes a una circunstancia "sin solución", lo ideal es alejarse, tener una perspectiva objetiva y observar un nuevo horizonte. Te reitero el ejercicio que hicimos sobre el cambio de perspectiva y sobre cómo encontrar alternativas para un mismo asunto. Te darás cuenta que el tamaño de lo que te inquieta se ha reducido, que solo es una piedrita y que podemos moverla cuanto queramos. El cerebro humano trabaja de esta manera, no importa qué situación sea, si crees que es complicada, las alternativas para solucionarlo vendrán a ti de forma complicada, la realidad es que nuestro cerebro está adaptado para resolver problemas basados en nuestra inteligencia emocional.

Dentro de este punto también es muy importante estar atento a todos los eventos que transcurren en la vida, pues tenemos que sacar lo mejor de ellos siempre. Sean buenos o malos, siempre habrá una lección que debemos aprender y que será productiva en su momento.

En mi viaje por el mundo, he tenido tantas lecciones como vivencias, de cada una hago lo más que puedo para identificar un valor o aporte que me ayudará en el futuro. Cuando mi esposa murió, debo admitir que me sentí vacío y solitario ante la cantidad de retos que venían, al final estos me convirtieron en una persona más analítica, precavida y madura. Me hizo ser más fuerte para saber cuidar a mi hijo y mi camino.

Igualmente pasó cuando migré, miles de emociones se abocaron en mi pecho, pero apreté mis pantalones lo más que pude, me dije que ese viaje sería revelador, que me cambiaría la vida para bien y pasara lo que pasara me merecía todas las metas que me había propuesto para el proyecto. La fe y el constante aprendizaje me llevaron a escribir el libro que tienes en tus manos para ayudarte a cambiar el ritmo de tu historia, o por lo menos tu perspectiva sobre las simas con "S" y las cimas con "C".

Sentirte estancado o frustrado son dos condiciones perfectamente normales. Si sientes dudas al tomar riesgos y perseguir un propósito más grande que tú, está bien, pero ¿no crees que más temor deberías sentir al permanecer en un lugar que no te hace feliz? Frente a la posibilidad de sentirte infeliz durante mucho tiempo por no atreverte a cambiar, el miedo que sientes cuando finalmente te animas a tomar riesgos se ve muy pequeño.

Mantén la mente abierta, sólo mediante ensayo y error nos damos cuenta que la ruta trazada es la ideal para llegar a nuestra meta, o que simplemente lo que creíamos que era nuestra cima es realmente un precepto dado por aprendizajes que tenemos que dejar ir.

Lo importante es entender quién eres, qué quieres y qué te puede ayudar a construir tus metas y tus sueños. Si hay algo que debes dejar por sentado en la vida es que vas a cometer errores, al igual que otro de los desaprendizajes más importantes que he tenido, es darme cuenta que la verdad no es absoluta.

Me pasó muchas veces, tenía mucho dinero y después no, lograba metas y relaciones que una vez que las tenía se escapaban de mis manos, hasta que analicé lo que ocurría para poder trabajarlo. Cada cima que me propongo, es una manifestación de una sima previa, por lo que es importante saber, desde tu punto de partida, no sólo hacia dónde quieres llegar, sino lo que eso conlleva o a qué lugar te lleva.

EJERCICIO, DESCANSO Y ESCALADA

Haz este pequeño test, encierra en un círculo 7 aspectos que prefieres en tu vida . Recuerda que nadie está viendo tus respuestas, pero te invito a que seas honesto contigo:

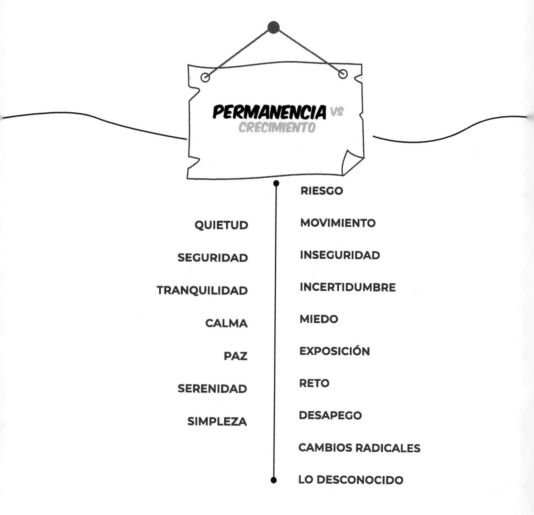

PERMANENCIA VS *CRECIMIENTO*

RIESGO

QUIETUD — MOVIMIENTO

SEGURIDAD — INSEGURIDAD

TRANQUILIDAD — INCERTIDUMBRE

CALMA — MIEDO

PAZ — EXPOSICIÓN

SERENIDAD — RETO

SIMPLEZA — DESAPEGO

CAMBIOS RADICALES

LO DESCONOCIDO

La columna de la izquierda es la permanencia y la de la derecha representa el crecimiento. Si te inclinas más por la columna izquierda entonces hay que trabajar el doble para tener el *mindset* necesario para continuar, ¿Creías que no te iba a tomar mucho tiempo? Si ves la columna derecha, hay más que hacer en la evolución que en el estatus quo. Para experimentar una caída no hace falta que decidas caerte intencionalmente, pero para ponerte de pie si hace falta la voluntad de querer levantarte.

En el lado derecho de la columna no existe nada constante, al contrario, esas características de cambio definen justamente lo opuesto cuando paradójicamente las personas definen la seguridad como algo que no cambia, que es fijo, sin embargo, esta es una invitación a sentirnos seguros cuando sabemos que estamos creciendo y evolucionando, estando cómodos en medio de la incomodidad.

Suena a dolor y sacrificio, y esa es otra de las barreras que hay que sobrepasar, nuestro cerebro refuerza y repite de forma involuntaria las experiencias, hábitos, comportamientos y elecciones que nos dan placer, ¿Te imaginas lo increíble que sería el cambio si lo tomamos como una experiencia de disfrute en vez de etiquetarlo como un periodo de trabajo forzoso y una tortura? ¡Honra el esfuerzo! y verás cómo tu mente descubrirá el mayor de los placeres cuando estamos en medio del reto.

Si te atreves a estar en constante crecimiento, debes soltar el anhelo de tener una seguridad permanente, no puedes tener ambas: evolución y quietud. No te convenzas que es mejor lo conocido que la incertidumbre que te espera al aventurarte. Yo esperaba que nada se moviera de lugar, que todo permaneciera inmutable, tranquilo, sin perturbaciones. Cuando mi suelo y mis bases se tambaleaban demasiado le echaba la culpa al mundo, a la vida y lo "injusta" que podía ser, cuando realmente estaba privándome de aceptar el impacto y las sabias lecciones fruto de mi habilidad para transformar y transformarme.

Avanzar es un acto de merecimiento y determinación para establecer la principal prioridad, que eres tú. En la mayoría de los casos debemos tener una actitud egoísta con el desarrollo de nuestros sueños, ¡y eso está bien! No tengas miedo a triunfar, a colocarte a ti primero. Eres tú única esperanza, apodérate de la fe en la mitad del camino.

Lo que yo puedo ofrecerte son estas palabras, para que delegues toda esa carga y aligeres la presión en tus hombros. Hay algo mucho más allá de la sima, cuando te sientas sin ninguna motivación para continuar, vuelve a intentarlo, lógralo, porque te prometo que, no hay nada como la vista desde arriba.

Existen personas que necesitan una rutina, si este es tu caso, es recomendable que marques un horario, en cambio, otras funcionan mejor sin tenerlos. Es cuestión de conocerse y saber cuándo somos más productivos. Sin embargo debo advertirte que la mente necesita una guía, ubicar en el tiempo y espacio las acciones a seguir.

Con esto no quiero decir que te tardes mucho en llegar, planifica el tiempo que te tomará conquistar tus objetivos y el plan de acción. Los grandes emprendedores no son aquellos que no fallan, sino aquellos que saben saborear y hacer cara a la sensación del fracaso, sobre todas las cosas son capaces de saber aprovechar el tiempo a su favor sin olvidar que el éxito de hacer lo que amas vendrá por añadidura, tu trabajo es ser feliz. Todos los seres humanos sentimos rechazo al fracaso, pero cuando aprendemos que es parte de la vida, la actitud cambia completamente.

 EJERCICIO, DESCANSO Y ESCALADA

Un horario a tu favor: si eres de los que llevas una agenda quiero invitarte a revisar qué tan equilibrado estás siendo con el manejo del tiempo, ¿estás dedicando atención suficiente a tu objetivo?, ¿cuánto tiempo inviertes en asuntos sin importancia?, ¿dedicas tiempo al descanso y la distracción?. Es muy importante que hagas esta tarea observando tu planificación diaria, recuerda que el cambio viene de la mano del "estar consciente de tus metas".

Si por el contrario no llevas agenda, mi propuesta es que lo hagas, ¿por qué?, para desarrollar un plan de acción debes saber los cómo y los cuándo, necesitas tener dirección y poder medir si te estás acercando a la meta, y esto solo es posible con una planificación. Te prometo que verás los beneficios.

Por otra parte, las emociones en la mitad del camino juegan un papel fundamental, pues son las responsables de que creemos un concepto sobre las posibilidades o situaciones que afrontamos a diario. Una persona pesimista, se sentirá tan abrumada que no querrá atreverse a nada, mientras que aquellas cuyas emociones estén equilibradas y hayan entendido que caerse es normal, por supuesto, serán las que se lancen primero al mar de oportunidades.

Es importante saber que el fracaso se encuentra condicionado por tres factores que nos juegan en contra: la interpretación sobre una situación, la anticipación que hacemos de las posibles consecuencias y la valoración a partir del resultado que obtenemos.

La falsa creencia de que los fracasos definen quién eres es un freno que te detiene. Una persona fracasada realmente es aquella que no experimenta la vida, que no se atreve a cuestionar lo que dicen, o no ve más allá de su estado actual, es prácticamente un maniquí de la sociedad. Entiendo que hay quienes valoran más vivir en una burbuja, sé que esa comodidad es como estar al cobijo de nuestra madre, nos sentimos seguros, protegidos y lejos de la incertidumbre.

Avanzar en tus proyectos y superarte todos los días debe ser el estandarte que te identifique, sin plantarnos ante el miedo no lograremos nada, salvo escondernos y ver como otros alcanzan sus sueños. Sé que tú también eres un luchador, traza tus rutas y atrévete a hacer todo lo te satisfaga.

Otro consejo para perder el miedo a salir de la zona de confort, es enfrentarte con las cosas que te producen ansiedad, es decir, si te da miedo el agua, entonces, toma una clase de natación, así explorarás todas tus habilidades y descubrirás muchas otras que no sabía que tenías.

Muchas personas creen que "salir de la zona de confort" es obligarte a ser productivo y hacer toda la lista de tareas obligatorias contra todo pronóstico. Lo importante no es forzarnos, sino mantener una visión clara de nuestros objetivos.

Ahora bien, nada hacemos con proponernos millones de cosas, hacernos falsas promesas y no tomar riendas en el asunto. Por eso es tan importante estar convencidos de lo que queremos, las acciones deben ser porque TÚ las quieras, de lo contrario cuando no haya quien te dé una palmada en la espalda, tú no tendrás la motivación suficiente para continuar, claro que, en esa lista "TO DO LIST" (lista de quehaceres) no siempre podrás hacer lo que te plazca, parte de ser un verdadero profesional y tomarte tu rol como ser humano enserio es hacer cosas que no siempre te van a gustar, sin embargo, hay formas de hacerlo más sencillo: Elimina los "Tengo que hacer tal cosa", "Debo ser como tal persona" e intercambia esos verbos por "yo elijo ser/hacer".

¿CÓMO AVANZAR CUANDO ESTAMOS EN LA MITAD DEL CAMINO?

Después De La Mitad, ¿Qué Hay?

Avanzar suena más sencillo de lo que puede parecer en la práctica, y todo este impulso que dan mis palabras para moverte al cambio no son para que lances todo por la borda y digas: mañana renuncio a mi trabajo, me mudo de país, no hay estrategia en renunciar a todo de manera irresponsable, se necesita planificación y enfoque, precisamente cuando hemos transitado el trecho más importante hasta llegar aquí, tocar la línea final de la meta va a requerir un plan.

Sé que me lees, seguro tienes familia, responsabilidades, una vida que elegiste, sea que la quieras o no, para arribar se requiere la humildad suficiente como para aceptar que tal vez no es sólo tu mente lo que debes cambiar, hay cosas en las que podemos mejorar, no hay escapatoria. Si deseas un trabajo diferente pregúntate ¿Cómo puedes conseguir una mejor versión de ti? si quieres otra pareja, pregúntate ¿Estás listo para dar lo que pides a alguien más?

Los lugares en los cuales se focaliza el miedo, generalmente se relacionan con falta de preparación. No sólo se llega con palabras positivas, un corazón lleno de amor y ganas. Es muy importante entender que solemos conseguir las cosas en las que nos concentramos. Puedes tener esos componentes perfectos, pero la acción no solo debe darse, las cosas no sólo deben hacerse, deben hacerse con la mejor intención. Luego de la mitad, la asertividad es lo que te lleva a pertenecer al grupo de los que SÍ lo logran.

Hemos aprendido los principios de la manifestación, ahora compórtate como si el objetivo deseado ya hubiera sido obtenido ¿Has escuchado cuando dicen "vístete para el trabajo que quieres tener"? Funciona exactamente así, solemos conseguir las cosas en las que nos concentramos.

Cuando estés dibujando el plan en tu cabeza, el instinto protector del ser humano te hará imaginar todo lo que puede salir de forma no planificada, aquí tengo que hablar del auto-saboteo otra vez: Recuerdo las veces que quería retomar la escritura de este libro y lo seguía posponiendo, por miedo a enfrentar mis inseguridades, por miedo al fracaso, o por miedo a siquiera empezar un proyecto pensando que no iba a ser capaz de terminarlo. ¡Qué equivocado estaba! Abre tu mente, y tus oportunidades llegarán solas.

Carlos Buelvas

EL ÉXITO, SE ENCUENTRA MÁS ALLÁ DEL MIEDO.

La procrastinación no tiene nada que ver con la organización o planificación, sino con cómo te sientes con respecto a lo que estás haciendo, por eso el camino que hemos transitado hasta aquí es tan importante. **Te dejo dos herramientas para hacer surgir posibilidades:**

• El primer paso es establecer valores sencillos como la confianza, curiosidad, la valentía y reconocimiento del potencial de cada proyecto. Viendo lo que tienes y no quieres, así como lo que quieres y no tienes.

• Luego, te invito a iniciar la exploración, el descubrimiento y la identificación de posibilidades "internas" y posibilidades "externas".

Una forma infalible de poder expresar tus metas en positivo es enfocarte en las cosas que quieres, en lugar de aquellas que no. Por ejemplo, si tu cima está enfocada en ser valioso en tu trabajo, pero ni siquiera lo tienes en este momento, quizá sea bueno empezar observando en qué te gustaría trabajar.

Una de las cimas más importantes para mí es ser exitoso en mi labor como padre, cada vez que veo a mi hijo en sus triunfos y tropiezos, aun sabiendo que es un trabajo que no termina, siento que lo logré.

Mientras mi hijo crecía, me imaginaba la satisfacción que iba a ser verlo alcanzado sus metas y me imaginaba el gran hombre que lo estaba ayudando a ser, mientras lo criaba, visualizaba lo que quería darle como padre, y ese ímpetu de querer mejorar para convertirme en su ejemplo fueron más fuertes que cualquier sentido de inseguridad o insuficiencia.

Si no sabes cómo comenzar a planificar, pues hay un millón de herramientas para fijar en tu mente el plan, sin embargo, sólo basta con responder ¿Cómo sería mi vida si pudiese tener todo lo que quisiera? ¿Qué tipo de trabajo tendría? ¿Cómo sería mi familia? ¿Qué tipo de educación recibiría? Y mágicamente nuestra creatividad dibuja caminos para llegar hasta donde queremos.

 **EJERCICIO, DESCANSO Y ESCALADA**

Manifestando cada mañana: justo cuando te levantas cada día, tienes todo un potencial creativo a tu favor. Antes te pedí que hicieras una carta escribiendo la historia que quieres vivir, ahora te propongo que día a día, apenas abras tus ojos, te tomes 5 minutos para imaginar tu jornada llena de éxito, es como entrar en una máquina del tiempo en la que vas a recrear con optimismo todo lo que esperas que te pase. Imagínate llegando a esa reunión, cerrando esa venta, abrazando a la gente que amas, imagínate sonriente logrando lo que te propones. Y luego suelta el resultado con gratitud.

No me malentiendas, no todo sucede "por arte de magia", lograrlo te tomará tiempo, modificarás tus ideas en el trayecto y a lo mejor los logros sean un poco diferentes a cómo te los planteaste. El factor de la espera, se suma a la tasa de deserción de los sueños, porque sentimos que esperar es pausar, detenerse y que tener paciencia es para aquellos que se conforman, sin embargo, aunque queramos desafiar las leyes de la naturaleza nos enseñan que las cosas que valen la pena toman su tiempo.

Si hoy sientes que no quieres que pase otro día en el calendario sin tener en tus manos lo que sea que sueñas, entonces estás deseándolo desde la desesperación, desde la ansiedad y el miedo, no desde la confianza y la esperanza, realmente no lo estás valorando.

Tropezar y rasparse las rodillas es parte de crecer, eso lo aprendimos desde niños, es el único modo en que fuimos capaces de aprender a caminar. Entender estos procesos, como los contratiempos, nos permiten también tomar un momento para revaluar lo que elegimos en primer lugar, lo que ha pasado hasta el momento y re-direccionar nuestros esfuerzos. La espera siempre se alarga cuando nos enfocamos en el tiempo, dejando de lado todas las tareas y responsabilidades pendientes que dependen de nuestro accionar.

Si te preocupa demasiado el tiempo, entonces debes reflexionar en si todo este trayecto que estás atravesando tiene que ver con algo que amas, cuando disfrutas las cosas que haces, pierdes la percepción del tiempo y espacio, no te preocupan los días ni las horas. **Cuando la escalada a través de la montaña te acerca a tu misión entonces ves cada paso por pequeño que sea, como un éxito, aceptas con gratitud todos los elementos: el reto, el tiempo, los retrocesos y el cambio.**

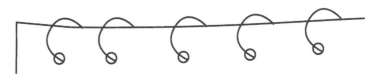

ANTES DE LLEGAR A LA META

· Piensa estratégicamente en el siguiente plan.

· Que tu sentimiento siempre sea positivo, tanto como el sentimiento de triunfo que cosecharás cuando cumplas ese objetivo.

· Mantente abierto y siéntete merecedor de recibirlo.

Si mezclamos todo lo que hemos internalizado conseguiremos una de las fórmulas del éxito que utilizo en mi vida diaria y que te acompañará a dar el siguiente paso.

Carlos Buelvas

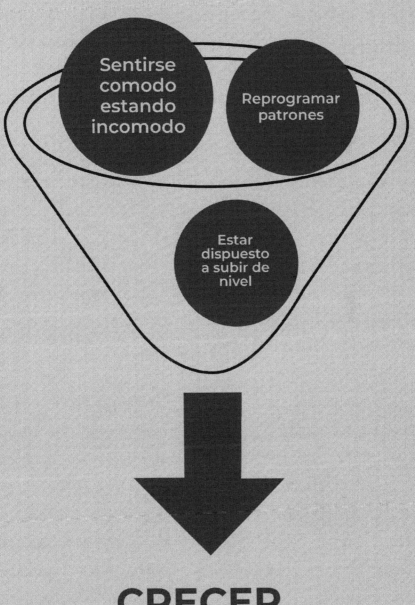

CRECER

DA EL SIGUIENTE PASO

Antes de avanzar y creer que todo lo que ha pasado ha sido en vano, me gustaría que aprendieras a ver tu historia de vida como un recurso que tienes para dar, esa fuerza increíble te hará sentir que le estás aportando un valor al mundo, lo cual te mantendrá determinado al caminar.

Para combatir el estancamiento del que hemos hablado, debemos vivir en el aquí y el ahora, un gran desafío para quienes viven ansiosos por el futuro, que deciden no liderar en tiempo presente, sino restar importancia al ahora pues sólo quieren vivir el resultado, cuando deberían iniciar cada mañana como si fuera el día uno, con el mismo vigor, la misma energía, el mismo entusiasmo, y la misma emoción.

El siguiente paso no debe estar fijado sólo en tu meta, deja que sea la intención que guíe tu comportamiento diario, porque no hay un único GRAN paso para triunfar, sino muchos pasos pequeños. Recuerdo cuando mi hijo empezó a caminar, es una analogía perfecta para cuando estas intentando dar tus primeros pasos, tomas la decisión, caes, sigues intentando hasta que por fin lo logras. La gran lección aquí, está en reconocer que compromisos con cosas tan simples como bajar de peso o producir dinero en un nuevo negocio no son posibles sin la primera toma de decisión, sigue andando con disciplina, porque es la única actitud que te lleva a mantener tu dirección con convicción.

Si decides no avanzar, estás tomando una decisión de igual forma, por eso te invito en esta última parte de la mitad, a reflexionar cuál ha sido esa elección que no te has permitido realizar, porque no has puesto a un lado la procrastinación, o porque no has tenido las suficientes agallas para tomar acción, si no has podido controlar el estrés, su raíz está en los temas que dejaste inconclusos y lo que significan para ti.

EJERCICIO, DESCANSO Y ESCALADA

Nunca es tarde para: Todo lo que hemos estado abordando sobre manejo del tiempo, fracasos, estancamiento y avance, me recuerda cómo algunas personas abandonan una CIMA por creer que se les ha hecho tarde en la vida. Te pregunto: ¿conoces personas de avanzada edad o menores que tú, haciendo cosas fascinantes que no te atreves a hacer?

Entonces, te propongo completar esta lista comenzando con la frase "Nunca es tarde para", escribe al menos 3 cosas que habías dejado a un lado por tu errónea creencia de no estar a tiempo.

Seguimos escalando.

Para materializar este libro en tu vida se requiere más que intención, se requiere una acción deliberada consciente. Al accionar, descubrirás cualidades en ti que ni siquiera sabías que tenías.

No siempre anotaremos un punto de campeonato en el juego, sin embargo, siempre podemos mover la pelota hacia delante. El avance es una elección, el poder de elegir es el único superpoder que nos ha dado Dios, el universo o lo que sea que tú profesas, no podemos cambiar los hechos, pero podemos elegir en qué no enfocamos, cuál es el significado y qué haremos al respecto.

Si no te gustan las experiencias que te han arropado, entonces significa que tienes que hacer nuevas y mejores elecciones. Pero si tienes una lista larga de cosas por hacer, que completan, constituyen o construyen tu meta final y por alguna razón te cohíbes o niegas a tomar responsabilidad de cada una de esas cosas, probablemente es por temor e incertidumbre, así que quiero preguntarte hoy, ¿Tienes temor a fracasar o le temes al éxito?

El temor a generar opiniones que te hagan sentir rechazado por los errores que cometes se disipa fácilmente:

• Cuando decidas que es lo mejor para ti, no hay duda... Perderás algunos amigos y hasta familiares.

• Si vives para sentirte aceptado por los demás, jamás darás un paso por ti y para ti. La validación externa comienza con la validación interna.

• Todos tenemos bloqueos personales - es duro entenderlo, pero algunos de ellos son las personas que más amamos-. Para poder llegar a otro nivel será necesario que tengamos nuestro espacio y nuestro tiempo, aunque eso signifique estar solos.

Esa elevación de conciencia no sólo facilitará tu caminar, te hará entender que no importa lo que se presente, no vas a parar, ahora reconoces que incluso un pequeño avance puede crear un gran impacto en el resultado. Nos estamos acercando a ese punto, así que es mejor que te prepares para la Cima.

RECUERDA QUE:

√ Para alcanzar nuestros objetivos más lejanos, fuera de tener el mejor talento, importa más todo lo que has aprendido.

√ Para abandonar el caparazón de tu antigua versión y construirte en alineación a lo que quieres, tienes que cosechar sabiduría.

√ Aférrate a tu razón, cuando tu voluntad y tu fe se vuelvan débiles, ese porqué o propósito de vida se convertirá en la columna vertebral de tu voluntad, que guiará tu acción y tu energía a dar más durante los momentos más retadores.

Carlos Buelvas

PREPÁRATE
PARA LA CIMA

Capítulo

04

PREPARATE PARA LA CIMA

Alcanzar la cima es el resultado de tomar una decisión y dar pasos enfocados hacia la meta sin importar los obstáculos. Todo es posible si te esfuerzas por hacerlo.

EL PODER DE LAS PEQUEÑAS VICTORIAS

El ganar es una de las sensaciones más satisfactorias, se conecta con nuestro instinto más profundo: El poder. En este momento, olvidamos los límites y las racionalidades con el fin de ganar aquello que deseamos, es el capaz de despertar nuestro sentido competidor para alcanzar las metas que nos hemos propuesto, pero quiero que te detengas y pienses: ¿Vale la pena luchar por eso? En esta primera parte del capítulo 4, te enseñaré a conectar los puntos de tu vida y valorar esas pequeñas victorias cotidianas. Damos miles de pasos hasta construir un camino completo, hacemos muchas cosas antes de terminar una tarea pendiente, y vemos esos pasos como procedimientos, no como puntos indispensables que nos llevan a donde queremos. Piensa en lo increíble que sería poder dar cada uno con entusiasmo, confiando que cada nueva variante en tu transitar no te aleja del punto de llegada, sino que te acerca a él ¡Que, con cada decisión, cada despertar, cada contacto saltemos de la emoción porque estamos más cerca de la meta que nos hemos propuesto!

Steve Jobs, en un discurso a graduandos de la Universidad de Stanford en el 2005, narró cómo luego de abandonar la universidad y tener que comer en centros comunitarios, decidió tomar un curso de caligrafía y tipografía, convenientemente, cuando lanzó la primera computadora Mac al mercado, su elemento diferenciador era precisamente la estética en la tipografía del producto, quién hubiese pensado que un curso definiría una característica clave en el negocio del siglo. Este curso que parecía su única esperanza entre estar sin estudios y desempleado, formó parte de su éxito, fue una conquista que hizo parte de un todo.

Es triste que no identifiquemos y le demos importancia a esos detalles que parecen pequeños ¿Cuántas veces has dado pasos que has tachado de insignificantes? ¿Cuántas veces has sacado las máximas enseñanzas de momentos que parecieron corrientes y comunes? Y te digo esto porque si logras reconocer el valor, no sólo de lo que eres, sino de los resultados que puedes obtener en un día cualquiera, serás capaz de identificar las cosas buenas y productivas a pesar del contexto.

A través de esta fórmula no sólo valorarás todos los signos

de progreso, sino que te hará apreciar la magia de lo ordinario, y te hará a prueba de decepciones. Si eres capaz de encontrar la ganancia en cada particularidad de tú día, sabrás que todo tiene su propio brillo, entonces ¿a qué temerle? ¿estás listo para apreciar lo hermoso en su estado natural?

Los propósitos que encienden tus emociones son los mismos que mantendrán activa la llama de tu motivación y desencadenarán tu creatividad para cualquier proyecto que te propongas, pues alimentarán tus percepciones más intuitivas.

Pero cuándo tu motivación sólo se centra en ese final glorioso, y te des cuenta que el camino es largo, serán más las veces que quieras renunciar, que las que desees luchar. Cuanto más frecuentemente experimentes esa sensación de progreso, más probabilidades tendrás de ser creativamente productivo a largo plazo, incluso un triunfo mínimo, puede marcar la diferencia en como te sientes y desempeñas todos los días, porque las ganas de salir adelante deben ser más grandes que tus excusas, así que nunca te desanimes y pierdas la perspectiva de tu camino, mantén fijo tus objetivos y hazlos valer siempre.

El poder del progreso es fundamental para la naturaleza humana, ya que pocos lo entienden o saben cómo aprovecharlo para impulsar la motivación que te lleva al siguiente resultado. Así que, ya se sabe que nuestro cerebro actúa por principio de recompensa, veamos.

EJERCICIO, DESCANSO Y ESCALADA

Premia tus logros: consiéntete, regálate una tarde de descanso, un paseo, un libro, un perfume, un abrazo, a tu cerebro le gusta repetir lo positivo, así que date el placer de premiar los pequeños pasos alcanzados, esta práctica te llevará a seguir buscando más autorreconocimiento y te dará ánimo para avanzar hacia la CIMA.

Este ha sido un tema de debate desde hace mucho tiempo, la mayoría de las personas consideran que el reconocimiento externo, los incentivos tangibles como el dinero o el apoyo interpersonal es lo que nos mueve, no obstante de lo bien que esas recompensas nos pueden hacer sentir, todos estos son elementos externos que no dependen de ti y cambian a diario, es mejor enfocarnos en cosechar la habilidad de auto-validarnos, para que de esa forma seas capaz de decirte "Voy muy bien" cuando tu entorno piense todo lo contrario, en ese preciso momento empezarás a desarrollar autoconfianza y autorreconocimiento, las cuales serán útil para la culminación de los objetivos.

Analicemos... ¿Qué sucede cuando depositamos nuestras expectativas y motivaciones en el otro? La respuesta es simple, somos susceptibles a cualquier acontecimiento que suceda a nuestro alrededor, validamos más las opiniones que la realidad, nuestra fortaleza interior comienza a tambalearse y se debilita si no conseguimos la aprobación que buscamos.

Este criterio debería ser un aspecto junto a las relaciones y el dinero, que son importantes, pero el saber que estás progresando es lo que te mantiene firme en los días buenos y malos, porque sin importar los acontecimientos, sabrás que estás moviéndote hacia algún lado. Y te entiendo, cuando pensamos en el progreso, a menudo imaginamos lo bien que se siente lograr un objetivo a largo plazo. Eso es genial, sin embargo, a diferencia de lo que todo el mundo cree sobre los saltos cuánticos, estos no se dan de la noche a la mañana, sino que son el resultado de una suma de esfuerzos que poco a poco conforman la realidad que queremos.

En efecto, sí, es normal que los contratiempos puedan hacer que algún día te sientas apático y poco inclinado a hacer el trabajo que por responsabilidad te corresponde, pero, las pequeñas victorias sobre tu misión personal te hacen lanzar a la basura las excusas de la indiferencia y el desánimo, porque mientras más aprendes a identificar dónde se esconde el avance en tu proceso, menos te sentirás afectado por las circunstancias, entenderás que sea lo que sea, estás dando un paso más, con errores, emociones y sentimientos, pero sin parar de caminar, incluso, nacerá un impulso sano por mantener tu dignidad o sentirte constantemente orgulloso de ti, de lo que has perseverado y logrado.

Verás lo rápido que estás avanzando y tomarás con resiliencia incluso las veces en las que te des cuenta que estás haciendo las cosas a medias, la autocrítica destructiva desaparece porque tu visión es más clara y no te enfocas en señalar que partes de ti no están funcionando bien, sino que decidirás fijarte en la sabiduría que adquieres cada vez que tomas conciencia, y ¿Adivina qué? Incluso los días que no puedas reconocer tan fácilmente que hiciste bien, al menos tendrás una perspectiva más amplia, y eso también es ganar.

Con lo que acabo de expresarte, quiero que te des la tarea de pensar en cuál es tu definición de pequeñas victorias, porque según muchos autores obtener una victoria se refiere al *"Hecho de vencer en una competición o una lucha"*. Usualmente esa lucha es contigo y contra ti, eso quiere decir que como nadie conoce tus batallas más que tú, no puedes permitir que nadie te diga cuál es entonces tu victoria.

Sin embargo, cuidado con conformarte con sólo dar pequeños pasos, quedándote en el mismo lugar, caminar en círculos no es avanzar, menos si estás en una posición que no te llena lo suficiente, entonces más que insistir en ese lugar, necesitas un verdadero cambio, que puede significar tener que hacer sacrificios o someterte a situaciones a las cuales no estabas acostumbrado, y tendrás la sensación agridulce de que estás caminando a la reversa, y no lo sentirás como un logro al inicio, pero es que el triunfo no se define siempre por hacer algo bien, sino por tomar riesgos que te acerquen a la libertad personal.

Si te preguntas qué es esa tan llamada libertad, para mi es poder hacer cada mañana al levantarme algo que pueda corresponderse con el deseo tan arraigado de hacer un trabajo significativo por el mundo. Ser auténticos, crear, expandirse, ser ejemplo y triunfar en la misión de sentirnos útiles para la humanidad, es la clase de expresión que te llevará a ver con orgullo sano tu propia definición del éxito, y por ende atraer prosperidad.

Quiero compartir contigo algunos valores que incentivan las victorias hacia la libertad personal:

1. La sinceridad. Es un valor que nos abrirá muchas puertas a lo largo de nuestra vida, pues quien es coherente con sus actos y palabras ser convierte en alguien de confianza y compromiso.

2. Servir al prójimo. Nuestra reputación se ve influenciada directamente, pero también nos hace más conscientes y felices, ten presente que la clave del éxito es cumplir tus sueños pero ayudando a otros durante el proceso para construir juntos un mundo mejor lleno de oportunidades para el futuro.

3. Enfocarse en el juego a largo plazo. Se trata de aprender a reconocer los avances que podemos lograr durante nuestro tiempo de actividad, y el descubrir lo importantes que son para nuestro crecimiento. Esas acciones son tu aventura en miniatura, todos los días representa una oportunidad para volver a nuestro curso y mejorar nuestras oportunidades para el mañana. Honra ese avance diario sin perder la chispa con la que comenzaste.

EL VALOR DE LA PROXIMIDAD

En cualquier otro libro de crecimiento personal te hablarían sobre la empatía, lo importante de sentirte amado y tener un corazón cándido, y sí, todo eso es necesario para tener armonía familiar, laboral, y relacional en cada uno de nuestros entornos, pero este es otro tipo de libro, es un manual transformacional, con el cual, espero que al llegar al último capítulo, hayas podido dar un vuelco a aspectos de tu mente, tus percepciones y pensamientos. Ojala que estos no sean iguales, que no repasen la misma caligrafía y el mismo diccionario sobre lo que significa tener relaciones, porque seguir llenándonos de la misma información y esperar que todo sea diferente es llenarnos de falsas promesas.

¡Suelta todo aquello que pese en tu mente! No es deber del mundo mostrarte lo mejor que tiene, es tu deber ver el lado bueno y alimentarlo. No dejes que la perspectiva de tus días, especialmente las situaciones amargas influyan en la conclusión que tendrás sobre los demás, aunque debo decirte que tus relaciones serán el reflejo de lo que proyectes, es decir que si en tu personalidad predomina lo negativo, es lo que atraerás. Por eso, te recomiendo mucho cuidado en este criterio.

La teoría de la visualización nos dicta algo muy claro, y es que, si no lo has visualizado y creado en tu mente, para ti aún no existe, y no es. No te digo que despegues los pies de la tierra, y no estés consciente de que estamos inmersos en un gigante ying y yang, donde por cada parte positiva hay una parte proporcional que no es tan positiva, sino que te empeñes en recrear tu realidad con el mayor porcentaje de optimismo que puedas.

La fuerza y energía de los valores humanos es realmente fuerte, pues tiene el poder de transformar a alguien que está acostumbrado a engañar en una persona que mantiene y honra su palabra. Este fenómeno surge de la confianza, aquella donde nos vemos como merecedores de las cosas que el universo nos da, y por consecuencia somos imanes de un ambiente donde los demás son claros y transparentes cuando entran a nuestro círculo social.

Cada día queda más claro que nadie va a llevarnos a la cima más que nosotros. Durante nuestro camino nos encontraremos con personas que estarán dispuestas a ayudarnos o apostar por los proyectos que tenemos, pero somos nosotros lo que estamos en la responsabilidad de culminar y atravesar todo el trayecto que significa nuestro proyecto.

Aunque las relaciones, el *networking*, las conexiones a mi parecer mueven al mundo con un impulso mucho más estrepitoso que el dinero, solemos tener la falsa creencia que sólo debemos juntarnos con aquellos que tienen los resultados, que son "mejores" que nosotros, que están donde queremos estar y eso crea de alguna forma proximidad con lo que tanto anhelamos, pero quiero decirte que es un pensamiento egoísta, ya que todos tenemos las mismas oportunidades y es tan solo una manera de ver las relaciones.

Conocemos a personas como nosotros todos los días, ¿Qué tal sería arriesgarse y abstraerse de esos espacios y conectarse con quienes son totalmente diferentes? Dicen: Si quieres ser millonario, codéate con millonarios, si quieres ser famoso, mézclate con la farándula, pero las enseñanzas que necesitamos no están en ambientes tan obvios, ¿Qué pasa si queremos cosechar sabiduría y ser felices? Tal vez estés mirando a los modelos a seguir equivocados o estés enganchado con lo que esos modelos tienen, no con lo que llevan por dentro.

Si quisiera que te convirtieras en alguien falso y extraño, probablemente te aconsejaría justamente eso: únete con millonarios, y sigue creando capas de percepción tras percepción sobre tu identidad, en cambio, te digo ¡Múdate! exponte, conecta con otros, crea nuevos amigos, sal a caminar y habla con extraños, porque es en nuevos ambientes donde puedes definir quien realmente quieres ser, deja de hacerte espacio en sitios donde ya no encajas.

Incluso si sientes que tu entorno no te satisface, hay esperanza, no sólo te reto a entrar en nuevos círculos, sino a ser el líder y cambiar el tuyo si es el caso, porque si bien es cierto, nuestro entorno indudablemente influye, y debería alinearse con nuestros objetivos, porque también influimos al mundo, por eso te invito a unirte a personas que tienen resultados, pero también a dirigir espacios que pueden necesitar la influencia positiva de los resultados que tú ya tienes, y no estoy diciendo que te conviertas en Superman, o en la Madre Teresa de Calcuta, pero las personas que trascendieron en la historia fueron aquellos que vieron el poder de la proximidad como algo más profundo, que no sólo estaba al servicio de sus intereses personales y realización como empresario, cómo persona de éxito, o como alguien "influyente" sino como ciudadano y como humano.

 **EJERCICIO, DESCANSO Y ESCALADA**

Compañeros de ascenso: si bien es cierto que tu montaña la subes tú con determinación y enfoque, también es importante tener en cuenta que los alpinistas van en equipo. A lo largo de este recorrido has contado con el apoyo de muchas personas, un amigo, tu pareja, proveedores, maestros. Por eso te invito a que hagas una lista de tu "capital humano". Una vez culminada, pregúntate, a ¿qué tipo de personas quieres incorporar?, mantén tu objetivo en mente y adquiere el hábito de pedir ayuda.

Es común ver que muchos al llegar a la cima se sienten vencedores, tanta es su emoción que olvidan el norte que se han propuesto al inicio. Pero, no, una vez arriba frente a la belleza del paisaje es donde debemos equilibrarnos y proyectar los nuevos caminos venideros.

Aquel que haya logrado sus metas podemos decir que se vuelve un ser exitoso, no obstante, aquel que ha conservado una personalidad más sencilla y cuyos objetivos se enfocan en otros intereses menos materiales, también es un individuo digno de admirar. Si no eres capaz de ver esto con claridad permanecerás con un vacío por dentro, sin identificar tu propia definición de felicidad.

Los exitosos de verdad no necesitan ser una celebridad para esforzarse por mantenerse humildes y empáticos; es algo que el camino les enseña, es una virtud que se forja en las experiencias y situaciones que tuvo que atravesar, otro valor que te simplificará las cosas será el ser agradecido y siempre sentirte valioso con lo poco o mucho que tengas. Es cierto que hay muchos valores que cambian en nuestra vida, pero no hay nada como aceptar todo con resiliencia, compromiso y amor.

Mahatma Gandhi no rechazó a una comunidad violenta, tomó una comunidad violenta e implantó en su conciencia la semilla de la lucha pacífica por la libertad. Ahora pregúntate, ¿Te imaginas las transformaciones que pueden hacer en tu trabajo, en tu comunidad y hasta en tu familia?, de eso se trata esta parte del libro, de voltear la cara de la moneda de las relaciones y ver que pueden ser un canal maravilloso para llegar a donde sea que desees y para llevar a otros a donde ellos sueñan, porque nada, ninguno de tus objetivos podrá ser logrado si estás sólo. Si estás preguntándote, ¿Cómo hago comunidad?, ¿Cómo logro que otros quieran unirse?, hay herramientas importantes que puedes explorar – Y debo dejar claro que este libro no es de liderazgo, siento que antes de hablar de cómo dirigir a los demás, debemos gobernarnos y dirigirnos–.

En toda relación hay dos tipos personas, y cada uno tiene un opuesto:

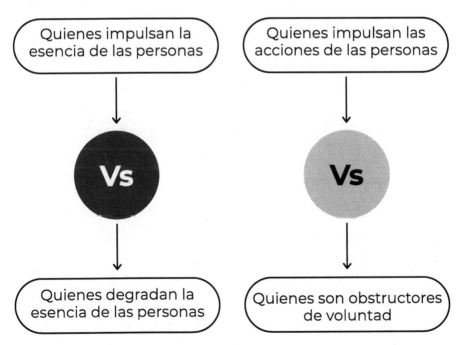

Están quienes impulsan *quien* eres sin ver lo *qué* eres, cuando tú eres esa persona lo reflejas en la ayuda que le das a un amigo, o a tus familiares, el tiempo que inviertes en ellos sólo porque sí; y están quienes impulsan *lo que haces,* sin importar quién eres y cuando esta facción radica en ti lo haces saber a través de eventos que muestran respeto y palabras de aliento al progreso de los demás y cuando lo haces de corazón elevas el valor de quienes tienes a tu alrededor.

Por el contrario, están los obstructores de voluntad, acciones y personas que no apoyan o dificultan activamente nuestras tareas o voluntades, como esos comentarios que dicen que *"Todo va mal"* o *"No vamos a salir de esto",* y las que degradan *nuestra esencia* que desalientan directamente alguien más a través de acciones o comentarios que ponen en tela de juicio su capacidad, como el decir *"no creo que estés preparado",* o *"no te creo capaz".* 1

Utilizar tus aptitudes para ser puente (personas que impulsan lo que otros hacen) en cada uno de tus entornos te ayudará a establecer metas comunes, permitir autonomía, apoyar con el trabajo, aprender abiertamente de los problemas o éxitos y permitir el libre intercambio de ideas. Les hace saber a quienes caminan a tu lado que no están solos. Los que obstruyen voluntades al contrario se encargan de no brindar apoyo e interferir activa y negativamente en los esfuerzos que alguien trata de

---

1 Harvard Business Review. https://hbr.org/2011/05/the-power-of-small-wins

hacer por ti, o por un fin que tienen en conjunto – esto suele suceder en las relaciones cercanas cuando desvaloramos lo que los demás hacen haciéndoles sentir que no es suficiente-

Ser fuente (impulsar lo que otros llevan por dentro), muestran a través de actos de apoyo interpersonal, como dar respeto y reconocimiento, estímulo, consuelo emocional y brindar oportunidades para que las otras personas se sientan incluidas. Este estímulo se ve contrariado por quienes les encanta minimizar el valor y la esencia humana, a través de palabras degradantes, frases que impulsen el desánimo, el desprecio por las emociones y el conflicto interpersonal, incluso se nota cuando inválidas a alguien, o alguien te invalidan a ti dentro de un equipo de trabajo o grupo familiar.

Aunque no lo vemos de forma tan pragmática en el día a día, todas estas son conductas bien diferenciadas y definidas en las que todos podemos incurrir o que has vivido con otras personas, lo ideal es que las identifiques de forma práctica, y sepas que atentar contra la voluntad y la esencia de otro no es propicio si quieres que forme parte de tu equipo. A diferencia de nutrir el buen concepto que una persona tiene sobre sí, o validar su trabajo, su aporte y su ayuda. Por eso te comparto mi santo grial de las relaciones:

• Los valores siempre van primero.

• Por cada aspecto negativo en alguien de forma objetiva fíjate en dos aspectos positivos.

• Si quieres que las personas confíen en ti, de manera inteligente lo primero que debes hacer es confiar.

• Necesitas a tu alrededor personas que tengan tus mismos objetivos, aunque no sean de un mismo color, y con esto no me refiero a la piel sino al tinte de los pensamientos. No necesitas personas que generen millones de dólares, pero si necesitas personas que deseen generarlos algún día si ese es tu objetivo final.

• Perseguir un interés no es lo mismo que tener un propósito. El interés es eventual, oportunista y circunstancial, el propósito es permanente y leal.

Aunque ya hemos tratado suficientemente a lo largo de este libro tu relación contigo, que puedas ser catalizador y nutriente para otros dependerá de que tanta estima esté dentro de ti para ti, y qué tan consciente estés de tu valor como persona, por eso te invitaría a que focalices tu atención cada vez que saboteas tus esfuerzos frente a los demás, pues probablemente estás haciendo lo mismo con otros.

Una forma muy común de hacer eso es ser demasiado exigente contigo, probablemente estés sufriendo del síndrome del impostor que señalé antes, te dejaré aquí algunas preguntas que te ayudarán a descubrirlo:

- ¿Te consideras una persona muy perfeccionista?

- ¿Te sientes solo y sientes que no tienes muchos amigos o confidentes en quien confiar?

- ¿Te críticas tanto hasta el punto de sabotear tus ideas?

- ¿Te paraliza la idea de pensar que podrías fracasar?

- ¿Te presionas mucho para alcanzar tus logros?

Las consecuencias de tener niveles de autoexigencia muy altos pueden hacer estragos, haciéndote desaprovechar buenas oportunidades o cohibiéndote de no implementar nuevas ideas o estrategias porque siempre es demasiado arriesgado y algo puede salir mal, o las personas no van a creer que eres suficientemente bueno como para unirse a tu causa o acompañarte en el trayecto, aunque estés teniendo un increíble *performance*, te dejo aquí acciones efectivas para aterrizar esa vara tan alta que te has planteado y finalmente puedas dejar entrar personas y momentos a tu vida:

- Deja de compararte con los demás, especialmente con quienes admiras.

- Revisa tus logros, de seguro que a lo largo de tu vida has conseguido hitos que creías imposibles. A nivel personal, o profesional, búscalos y si no los encuentras, pregúntale a tu círculo más cercano. Sé que, si eres demasiado exigente, te costará hacerlo, pero están allí para que los notes.

- Sigue tu vocación, fija una visión clara que te haga feliz y te identifique como persona, sin importar las veces que tengas que levantarte para seguir.

UNA NUEVA PERSPECTIVA

Una de las cosas que dice Raimon Samsó, autor que admiro mucho, es que "todo viene de algo", que la información, a su vez, es la misma solo que cada quien la ha de decodificar partiendo desde su punto de vista, experiencias o conductas alojadas en su psique.

La mejor secuela que dejan los cambios es un nuevo despertar, sin siquiera tener que ir a la cama. Todos necesitamos una probada de la verdadera realidad, pero lo impresionante de ver lo que está por venir es poder usar otra perspectiva. Hay un momento en el transcurrir de toda generación en el cual vivimos un quiebre de desesperanza, y ese quiebre viene para avisarnos de que es hora de dejar nuestra huella en la historia.

LOS PROPÓSITOS QUE ENCIENDEN TUS EMOCIONES...

SON LOS MISMOS QUE MANTENDRÁN LA LLAMA DE TU MOTIVACIÓN.

La posibilidad de cambiar de mirada a veces se nubla porque dejamos que las apariencias y lo material sea un indicador de que estamos bien, cuando realmente no estamos surfeando la ola de los desafíos, sino que internamente nos estamos hundiendo, pero no se tiene que sentir así. Si somos sinceros, prestamos atención a la valentía y el coraje que tenemos para poder salir airosos de cualquier situación, crear una nueva perspectiva se siente como una bocanada de aire fresco, un suspiro que sabe a alivio.

En esta época tan competitiva, aunque debemos tratarnos con generosidad, y entender quiénes somos, no podemos darnos el lujo de ser complacientes, por eso te digo hoy que luego de tocar el peldaño más bajo, abre los ojos y pinta tu realidad en un nuevo lienzo, debes aferrarte a la nueva forma en la que verás la vida.

Los cambios de perspectivas son vitales para la supervivencia y superación del hombre, porque cuando se tiene la capacidad de hacer lo que amas, eres consciente de tus verdaderas actitudes, de la abundancia y riqueza que puedes generar. Además, que estas modificaciones permiten la exploración, encuentro y uso de la imaginación en las situaciones de la cotidianidad.

Mirar todo lo que pasa desde diferentes ángulos es como una ventana o una puerta abierta a tomar mejores elecciones, todo sin cuestionar si son correctas o incorrectas. Aunque el panorama suena bastante romántico y bueno para ser cierto, cuando estamos conformes con nuestra vida experimentamos esa sensación de felicidad plena, donde somos conscientes de los momentos, recuerdos y experiencias que nos identifican, aún con cada matiz vibramos de gozo. Somos capaces de sentir el amor y compromiso con la familia, amigos y puestos laborales, los cambios de perspectiva deben ser impulsados por una fuerza mayor que motive la transformación para mejor, nuevamente aquí no pueden interferir ciertos valores como la sociedad, normas sociales o cualquier otro criterio establecido por otros, aquí la importancia recae en tus hombros.

Por ejemplo, yo hoy, me siento feliz de estar aquí, contigo, ayudándote y compartiendo todos mis conocimientos en ese proceso de exploración y llegada a las tan afamadas **Cimas con "C" de calidez, compromiso y calma emocional.**

Me siento satisfecho por toda la historia, por todo lo aprendido, por todo mi pasado, porque al final, es lo que me identifica y es lo que me ha traído hasta aquí y me siento conforme por haber encontrado el camino para impulsar tu éxito y hacer de ti una persona que disfruta el aquí y el ahora.

Cuando estamos agobiados por el acontecer de nuestras vidas, lo mejor es cambiar de pensamientos y tomar un simple respiro.

EJERCICIO, DESCANSO Y ESCALADA

A propósito de saber cómo hacer frente a la rutina y las situaciones que pueden parecer agobiantes, te propongo que hagas una pequeña lista de acciones que te hacen recuperar la serenidad , aquí y ahora.

Según el contexto, un respiro puede ir desde salir de la oficina a tomar un café, a desconectar el teléfono móvil, escuchar música, hacer una meditación o alejarse de la ciudad durante todo un fin de semana, la idea es contar con el tiempo necesario para evaluar la situación y volver a comenzar. Si nada te viene a la mente, o no crees que puedas obtener la solución por ti, entonces usa el poder de la conversación y la comunicación. Hablar sobre las situaciones es muy positivo y liberador.

Todos los días, somos bombardeados con información que viene por diferentes vías como los teléfonos, la televisión o incluso los libros. Son tantos datos que procesar, que debemos saber filtrar muy bien lo que necesitamos y lo que no.

No obstante, las nuevas tecnologías nos hacen sentir agobiados y tristes por la inmensidad de cosas que no tenemos. Aun así, debemos dar gracias, el ser agradecido nos mostrará varios beneficios que no sólo influenciarán nuestro entorno, sino que también se verá influenciada nuestra espiritualidad:

• Te sentirás mejor contigo mismo.

• Traerás beneficios a la persona que lo recibe.

• Fortalecerás tus relaciones.

• Estimularás en ti una actitud positiva.

• Te harás más consciente del mundo a tu alrededor.

Llegar a la cima es una sensación que te acerca a tu mejor versión, sea lo que sea en lo que se enfoque, para alcanzar ese sueño hay un sendero. A veces puede ser tan sencillo como caminar a orillas de una playa, pero en ocasiones, el camino rumbo a nuestros sueños se vuelve empinado, pedregoso y lleno de charcos, por lo que completar este trayecto directo al éxito ya no solo profesional, sino personal se vuelve una aventura.

Pero cuando llegamos, vivimos el momento del placer y el orgullo al colocar el pie en ese último peldaño que nos faltaba, admirando la gran vista y de pronto nos percatamos en que existen miles de cimas que recorrer y que aún nos falta por vivir, así es, tu visión se amplía y cambia.

Las opciones se multiplican, puedes sentir que es sencillo en la inmensidad, incluso es normal paralizarse, tomar un respiro y volver a mirar todo el trayecto para reconocer los grandes cambios que has atravesado, pero que no te ayudan a seguir adelante, por eso quiero enseñarte cómo puedes usar esa nueva forma de mirar el mundo a tu favor:

• Tu controlas la perspectiva

Siempre solemos decir que "nuestras circunstancias" nos moldean, no obstante, aunque las situaciones por las que pasamos pueden dejarnos aprendizajes valiosos, es el significado que le damos a esos acontecimientos y cómo respondemos los que dictan nuestra naturaleza. Imaginemos cada familia en riesgo, en situación de pobreza o a quienes han perdido a seres queridos, sobrevivido a situaciones paupérrimas, incluso muchos en el mundo dudan de cuándo va a ser la próxima vez que puedan disfrutar de una comida caliente, pero están allí, bajo cualquier situación se divierten, y dan las gracias con sonrisas genuinas. Ellos están controlando la perspectiva, que puede ser muy muy gris o muy llena de luz. Tu interpretación es lo que cambia todo.

• Elegir siempre la perspectiva positiva es tan importante como aceptar que existen perspectivas negativas.

Estamos tan obsesionados con vivir lo ideal donde nada parece estar fuera de lugar, y a veces es necesario aceptar que el mundo es un lugar quebrado, donde hay guerras, crímenes, escenarios políticos que no son los que deberían ser, hay injusticias y situaciones a nuestro alrededor que no son tan de ensueño, no hay nada malo en aceptar esto, y tomarlo con una postura madura y reflexiva. A medida que puedas entender que algo está roto, más fácil será tomar las riendas para arreglarlo y a medida que comprendas que no todo siempre va a poder arreglarse, aprenderás a coexistir con las partes de tu vida que permanecerán rotas.

No estoy negando la posibilidad de que lleguemos a ese balance saludable donde la mente, cuerpo y espíritu se entienden, pero nada nunca será perfecto, sé que lo he dicho varias veces en este libro, pero si me lees y estás buscando tener el hogar perfecto, la pareja perfecta, la carrera profesional perfecta, te perderás en ese "mientras tanto" de recibir lo que realmente necesitas, por direccionar tu perspectiva a lo que parece conveniente y correcto.

• **Son las pequeñas situaciones las que moldean tu perspectiva.**

Esperamos siempre grandes hitos o grandes acontecimientos que no solo nos dejen sin aliento, sino que dejen a los demás un pensamiento de lo grandiosos que somos, y esos hitos vendrán. Cuando cada uno llega parece que nos anclamos al pasado honrando ese momento y nos perdemos del instante que pasa frente a nuestras narices: "cuando me casé", "cuando me gradué de la universidad", "cuando me aceptaron en mi trabajo soñado"... Sí, solo describimos nuestra historia con esos momentos, pero ¿puedes imaginar todo el aprendizaje que estás dejando de lado?

Perseguimos la cima, el éxito, la libertad y siempre solemos volver al mismo punto, hacia las cosas que son básicas, que son sencillas y que están dentro de nosotros, pero muy probablemente perdemos de vista.

Si tu mirada recorre lo que ya fue demasiado seguido no temas en despertar los recuerdos que se agolpan en tu interior, sácalos y determina lo positivo en ellos, y toma en cuenta los instantes, porque son esos los que fuera de esos hitos te harán saber que esto vale la pena. Cuando despiertes, también te darás cuenta que mientras más alejado sea tu camino al de tus padres o al de tu comunidad, más cerca estás de tu misión, que es algo que nadie puede clonar, copiar o emular.

Ahora, si, por el contrario, te calificas como alguien influyente, pero tú objetivo es resaltar, en cualquier área, y piensas que tienes todo para triunfar, debes entender que en realidad te estás colocando en una posición de vulnerabilidad, porque no hay nada más efímero que el éxito, obtenerlo es una cosa y mantenerlo es otra, pregúntate hoy si estás jugando el juego de corto o largo plazo, si eres exitoso en tus propios términos y crees que todo se acabó, te aconsejo que juegues a largo plazo, apunta a lo legendario y permanente, si llegaste a la cima, estudia más, aprende más, vuélvete más humilde, cosecha mejores hábitos y apasiónate más de lo que haces.

Pon atención, es posible que en este punto estemos a un

paso de redefinir nuestro camino, aquel que no es impuesto ni obtenido por otros, sino el propio, el que nos dará la prosperidad y la paz que tanto deseamos. Ser próspero no es recibir un millón de dólares, es lograr multiplicar cada centavo y conectarte con la infinitud donde nada falta, todo nace y se reproduce de manera tan armoniosa que es difícil de explicar.

NO OLVIDES QUE:

√ A diario consolidamos acciones que parecen ser insignificantes, pero realmente son pequeñas victorias, admirarlas es una forma de amor propio.

√ En los momentos más cumbres de nuestra vida suceden dos cosas importantes; sentimos las emociones más intensas y al mismo tiempo adquirimos nuevas perspectivas

√ Siéntete satisfecho por lo que has logrado hasta hoy, lo cual no significa que dejarás de ir en busca de más.

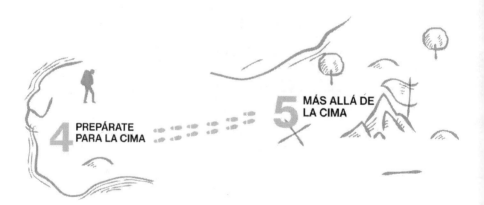

4 PREPÁRATE PARA LA CIMA

5 MÁS ALLÁ DE LA CIMA

Carlos Buelvas

MÁS ALLÁ DE
LA CIMA

Capítulo

05

MÁS ALLÁ DE LA CIMA

Si te aferras a sostener lo insostenible, estás forzando el flujo de la vida y entonces bloquearás las oportunidades que tiene el universo preparadas para ti.¿Realmente es lo que quieres o es solo un capricho?

TRANSFORMA TU CIMA

Cuando pienso en la Cima, viene a mi mente la imagen de un monitor cardiaco yendo de arriba abajo y hago la similitud con el éxito, porque este no es un camino recto, diría que es un *zigzag* lleno de muchas experiencias.

Alcanzar la cima personal no es llegar a un lugar en el que nos aplaudan y nos recuerden que lo hemos conseguido, es ser el dueño de nuestras emociones. La cima personal es que estemos bien con lo que somos, y vivamos en un nivel de elevación y desapego tal, que, aun apoderándonos de todo, nada ni nadie se apodere de nosotros.

Lo que quiero mostrarte es, que mientras el éxito va y viene, la felicidad puede volverse un estado permanente. Experimentamos la vida a lo lejos, como si la felicidad fuese una estación a la cual debemos llegar para sentirnos bien, en muchos casos se ha vuelto tan trivial, que se ha reducido a fotografías en redes sociales o a un destino turístico, esa dualidad entre la vida real y la digital que nos va matando lentamente invitandonos a comportarnos de una manera que no somos.

En esta última parte de nuestro viaje vamos a tomar todo lo que aprendiste y hacerte alguien nuevo: ya sabes aceptar tus momentos más bajos, transformar tus errores en una realidad diferente, ser un agente de cambio y abrir los ojos más de lo que lo has hecho antes.

Ahora quiero recordarte, que no importa desde dónde comiences o te encuentres en este momento, el objetivo es identificar aquello que no te guste en ti, convirtiendo tus debilidades en fortalezas para crear nuevas herramientas que te sirvan en la consolidación de tus sueños.

Elimina todos los dogmas que no te han aportado nada en este camino rumbo al éxito y sobretodo, no te limites por ser quién eres. Más del 52% de los altos ejecutivos de las compañías de *Fortune* vienen de familias de escasos recursos y el 80% de los millonarios en Estados Unidos alguna vez vivieron en profunda escasez y pobreza.

Todas estas personas triunfaron porque siguieron los principios de luchar hasta vencer, salieron de sus simas con "S" y trabajaron por sus metas hasta alcanzar las tan anheladas cimas con "C", algunos lograron puestos de trabajo y empresas, mientras que otros ganaron el respeto y amor de su familia. En conclusión, sostengo mi firme convicción de que estos mismos principios funcionarán en tu caso, si y solo si, estás dispuesto a trabajar duro hasta lograrlo.

Este trabajo debe nacer de ese ímpetu positivo que aporta coraje, no desde el negativo, que representa a menudo nuestras frustraciones, piensa en esta simple fórmula:

Voluntad positiva = resultado constructivo.
Voluntad negativa = resultado destructivo.

Tal y cómo lo diría Zig Zaglar en su libro *Más allá de la cumbre*, "la vida me ha enseñado la correcta aplicación de las teorías que una vez me costó entender". Ten en mente que el camino hacia la cima consta de una transformación y evolución del ser, para saber, con qué tipo de disposición nos aproximaremos a nuestros éxitos, luego cuando al fin llegas, deberás fijar nuevas metas e innovar criterios para seguir escalando.

 EJERCICIO, DESCANSO Y ESCALADA

¿Quién estás dejando de ser? Quiero pedirte que te tomes un

minuto para reflexionar sobre la persona que eras cuando empezaste a leer este libro y la persona que eres hoy. Responde brevemente ¿Quién soy? Será muy valioso para tí darte cuenta del avance que has tenido desde que iniciamos este viaje juntos.

Te lo advierto, cuando logramos lo que creemos que puede ser una cúspide, pasan una de dos cosas importantes, fijas de forma más determinante quién eres, tus valores y opiniones o todo eso que eres se destruye para siempre.

Todas las piezas parecen caer justo donde deben, se abre un pasaje que da lugar al poder personal, te vuelves un maestro en dominar tu esencia, tus emociones, tu energía y tu cuerpo, para que se enfoquen donde quieras, cuando quieras. Eres capaz de manejarte en la dicha y en la adversidad con la misma ecuanimidad, viendo respuestas donde nadie puede, sin perder los estribos, sin alarmarte o ahogarte.

Por eso cuando hablo de transformar tu cima, quiero que puedas darte cuenta de que todo lo demás puede ser una gran incógnita menos tú, todo se transforma contigo, por eso la primera gran montaña eres tú y la segunda es reconocer que aunque lo hagas lo mejor que puedas, siempre habrá más por hacer, mientras exista imaginación, sueños y creatividad no existirá tal cosa como la Cima final, porque siempre tendrás nuevos retos y montañas por escalar.

MIENTRAS EL ÉXITO VA Y VIENE, LA FELICIDAD PUEDE VOLVERSE UN ESTADO PERMANENTE.

Qué valioso es poder quitarte ese peso de la espalda y dejar de añorar todas las medallas, es tan liberador saber que nada termina hasta que tú lo decidas, así como nadie puede decir hasta donde llegas, o que es lo que consigues, no existe tope, lo que puedes lograr es infinito, de esta manera ¿Qué puede ser imposible?, ¿Quién determina los límites?

Tu mente es tu mejor aliado y tú peor enemigo en estos momentos, porque eres tú quien limita tus propias fortalezas y virtudes. Te aconsejo que elimines todos los malos pensamientos o creencias limitantes, y una vez te encuentres en la cima, no decaigas pensando que el camino ya está hecho, porque es allí cuando debemos reinventarnos y continuar en un nuevo proceso.

Al abrazar esa premisa, a la que **llamo *vivir en infinitud,*** le sigue un regocijo tremendo, una emoción llena de satisfacción, hasta que comprendes que debes armarte con otra piel, ver conceptos tan abstractos como la libertad, la felicidad, el rechazo y el éxito desde la determinación, la convicción y la resiliencia. Así es, decide de qué lado estás y toma una posición, porque te tocará elegir para transcender, lo cual no es posible sin conceptos claros no sólo de quien eres, sino de lo que el mundo significa para ti.

Esto supone tener que rechazar algo, porque no tener ninguna postura te dejará en el medio y atascado. Si nada es mejor o más deseable que otra cosa, entonces estamos a la deriva, sin valores, y en consecuencia existimos sin propósito. No podemos estar llenando todo desde afuera, llenarnos viene de adentro, y por eso lo primero que debe tener esa nueva estructura que piensas ser, son nuevos valores y principios.

EJERCICIO, DESCANSO Y ESCALADA

Crea tu propio diccionario: esto que vengo a proponerte me ha resultado muy útil, ya que tus creencias definen tu forma de ver la vida y una de las cosas que te he planteo es lograr la autonomía de determinar qué quieres para ti, voy a invitarte a escribir tu propia definición de estas 3 palabras: libertad, felicidad y éxito. Una vez que lo hayas escrito, sé fiel a esto creando tus propios parámetros.

Yo no quiero decirte que hacer, pero has llegado a lo más alto y aun allí -donde estás a punto de asumir nuevos retos-, no serás libre si no te desencadenas. Y ¿Qué es ser libre? No significa exactamente huir, ser rebelde, sino encontrar un significado o un sentido a nuestra existencia, eso se logra aceptando las premisas que van con nosotros y rechazando las que no.

Nadie desea estar atrapado en una relación que no le genere satisfacción, nadie quiere atascarse en un negocio desempeñando una labor que odia - eso nos pasa a muchos -, nadie quiere sentirse cohibido de decir lo que realmente piensa, aun así, caemos en tendencias, en equipos, en ambientes laborales, caemos en situaciones en la que probablemente no deseamos estar, sin embargo, nos atrapan.

Concluimos entonces, que vivir en infinitud es estar familiarizado con la pérdida, el desapego y la felicidad al mismo tiempo, sin olvidar que, así como una moneda tiene dos caras, en la vida por cada pérdida hay siempre una ganancia. Sin duda podrás llegar a donde te lo propongas, pero no siempre llegarás de la forma en la que imaginas.

Con la infinitud viene el poder personal, con ese poder viene la elección o el rechazo, con la elección viene el compromiso, y con este viene la libertad.

Aquí no hay ataduras, sino liberación, porque tomar posición donde creo que me corresponde hace que aumenten las oportunidades, descartando las alternativas o distracciones a favor de lo que tu corazón ha elegido.

El compromiso te da alas, te abstrae de estar enfocado en elementos frívolos, perfecciona profundamente tu atención y tu perspectiva, te dirige hacia lo que te hace más sano y feliz de manera eficiente, de forma increíble logra que tu toma de decisión sea más rápida y elimina cualquier tema o sensación de estarte perdiendo de algo mejor sabiendo que lo que ya tienes, es suficientemente bueno. ¿Para qué te desgastarías en buscar desesperadamente todo?, cuando puedes enfocarte con atención en un puñado de metas sumamente importantes y lograr un mayor éxito siendo una cosa que en vez de serlo todo a la vez.

Te repito, no tengas la necesidad de hacer mil cosas y abarcar todo, porque en realidad no estarás haciendo nada. Ten en mente que la verdadera cima está conformada por aquellas metas que valen mucho más que cualquier cantidad de dinero. Es aquí donde debo decirte que si buscas el dinero como fin, probablemente ganes lo suficiente como para ser calificado como una persona rica, lo cual no te dará garantía sobre la mejora en tu calidad de tu vida.

Sin embargo, si buscas primero tu calidad de vida, tu nivel inevitablemente irá subiendo. Con este criterio, llegarás al final del camino con más de las cosas que el dinero puede comprar, así que no hagas los ceros en tu cuenta un Dios, porque como diría Antoine De Saint – Exupéry en su libro El Principito "lo esencial es invisible a los ojos" y le añadiría un "y no se puede comprar con la suma más grande de oro"

Tal como lo trabajamos en capítulos anteriores haz tu plan A, tu único plan, y construye un millón de alternativas de cómo cumplirlos, sin tener que renunciar a lo que está ahí para ti. Es probable que el sentimiento de exploración constante esté presente cuando se es joven, porque después de todo, debes salir y descubrir aquello en lo que vale la pena involucrarse, pero es en tu propósito donde se esconde el oro del que hablo.

Cuando te encuentras, te liberas y te descubres diciendo frases como "soy así" o "no quiero cambiar mi esencia".

Cuando luchas por dejar salir tu personalidad auténtica y hacer de tu realidad lo que sea que elijas, serás atacado por una sola consigna, el *"dejar ir"*, dejar ir esa ansiedad por el triunfo de que todo se haga en tu momento y no en el ideal, dejar ir el miedo y el concepto de que se debe seguir corriendo cada vez más rápido. Hay tanto que podemos dar, tanto que podemos crear y manifestar. Tu nuevo yo debo ser capaz de aceptar el *"me prefiero"* y tal vez, no estés eligiendo el camino más rápido, pero sí el más satisfactorio.

Hoy debo reconocer que todas mis cimas con "C", vinieron después de esas simas con "S"y que todo aquello que califique como equivocaciones, simplemente formó parte de ese crecimiento y evolución de mi verdadero ser. Por eso cuando veo a una persona que tiene situaciones o momentos difíciles, pienso en alguien que se está descubriendo.

Una vez descubres de lo que eres capaz, es necesario saber pintar el lienzo con los colores que no desearías dejar de mirar, así que prepárate para trascender.

PREPÁRATE PARA TRASCENDER

Cuando comencé a escribir este libro, estaba en una profunda sima con "S", increíble, me sentía destruido, frustrado, en medio de la nada. Lo sorprendente es que me sentía vacío aun cuando había cumplido lo que había soñado hasta es momento, sin importar que, seguía teniendo la persistente sensación de que me faltaba todo.

Hoy decido poner mis pensamientos y emociones, aquí, para enseñarte un poco sobre de lo que he aprendido y es que a veces estamos tan pendientes de la cima, estamos tan arraigados a ese éxito, que queremos triunfar partiendo desde cosas materiales, perdiendonos de las pequeñas cosas que pasan día a día en ese proceso lleno de emociones, alegrías, altos y bajos. Si te preguntas cuál es el camino hacia la trascendencia, comien-za teniendo una vida donde la orden del día sea alinear tu mente, corazón y espíritu para que trabajen como uno haciendo que lo demás sea irrelevante.

La mente, es tener claridad en la visión, que nada te haga dudar sobre el futuro que quieres, especialmente en los momentos que involucran la toma de decisiones. El corazón, es conectar con tu intuición, desde lo más profundo, entendiendo la relevancia de tu misión más allá de la imagen que te pintaste en tu cabeza, logrando que puedas adaptarte con resiliencia a las curvas de la montaña. El espíritu, se relaciona con estar al servicio y ayudar a otros.

Sin un buen corazón no será fácil tener esperanza, y sin estar al servicio, todas tus buenas habilidades se atascan, se estancan, pierdes las fuerzas, porque para ser fuerte no se requiere mantenerte inmóvil o tener armadura, al contrario, se requiere emplear tu energía vital de la forma más inteligente.

De hecho, muchas respuestas a mis interrogantes sobre el por qué no alcanzaba mis cimas, las encontré justo después de olvidar mis intereses individuales y comenzar a servir, el ayudar a quienes me necesitaban amplió mi forma de verlo todo, cambié de perspectiva, me hice más empático y comprendí el verdadero significado del éxito. Olvidé los bienes materiales por un momento y me enfoqué en esas cosas que hacen de mí una mejor versión para mi hijo y para quienes me rodean.

Paso a paso coloqué todos estos valores en una balanza, y busqué una fórmula perfecta para equilibrarlos con el fin de tener un poco de los dos mundos, aquel que me llena emocionalmente y el otro económicamente, así, luego de dar tantos pasos a ciegas, llegué a mi cima soñada e inicié una vida más cómoda para mí.

Siempre repito, tu pasión es para ti, tu propósito es para otros, cuando la empleas para hacer la diferencia en alguien más llegas a la trascendencia, esta te hace entender que eres útil para el mundo.

Por el contrario, la autodestrucción de lo que somos como seres humanos, de nuestra esencia, se da cuando no sabemos diferenciar entre placeres temporales, y la sensación permanente de completud que nos indica que nos sentimos llenos o en paz ¡Esto es tan mágico!, placeres como los que se encuentran en la comida chatarra, los apegos emocionales o en los vicios pueden ser reemplazados por algo más profundo como tú razón de ser, o el para qué naciste. Existir con un propósito puede ser tan radicalmente sanador, que cualquiera que se sienta incompleto solo debe identificar cuál es su lugar en el planeta, tomar ese puesto, y ejercer ese rol en su máxima expresión.

Entonces, tocamos la cima, para darnos cuenta que verdaderamente no hay una sola, que la línea de tiempo continúa y que se vive por algo más que una meta.

Todo este viaje se trató de eso, de llegar a ese nivel de lucidez, porque la comprensión abierta y honesta sobre tu ser acarrea una fuerza multiplicadora que llevarás a cualquier suelo que pises. Lo que realmente es valioso son esos momentos de sabiduría, en soledad o en familia, amar a los que tenemos alrededor, ser agradecido, valorar los detalles por más pequeños que sean, tanto como las oportunidades que se nos presentan a cada momento, eso es llegar alto.

Hoy aprecio tantas cosas que son sencillas, se dan de manera tan natural que están allí, están en mí y también para todos aquellos que decidan avanzar. Estamos acostumbrados a tener ideales basados en superficialidades o estereotipos, sin embargo, he descubierto que la verdad de todo está adentro de cada uno de nosotros.

Cuando llegas allí, respirar se sentirá más ligero, te quitará todo aquello que sobra para que te enfoques en trascender, lograr dejar un legado lleno de valor, e inspiración. No te preguntaré si estás preparado, te reto a que decidas si estás dispuesto. Pregúntate hoy ¿Quiero sólo cumplir una meta? o ¿Quiero hacer historia?, ¿Cómo quieres que te recuerden aquellos que más amas cuando ya no estés?

Comienza por utilizar tus diferencias para impactar, y decidir invertir tiempo – el bien más preciado que jamás tendrás – en conectar con otros a través de una causa que sea más grande que tú. ¿Sabes qué la vida promedio dura aproximadamente sólo 900 meses?, nuestra permanencia aquí es limitada, nuestros recursos no lo son, en especial el recurso de las ideas e innovación.

Si has de invertir en algo, entonces te impulso a invertir en el cambio que deseas ver en el mundo. Puedes hacer una gran diferencia desde tu diversidad, desde tu rincón, desde tu lugar elegido, desde tu pasión, sin ser requisitos: tener un montón de personas o dinero, o tener 5 años de experiencia y estar 100 % preparado. Este es un llamado a que sea lo que sea que estés haciendo lo proyectes y ocupes un asiento que lleva tu nombre.

EJERCICIO, DESCANSO Y ESCALADA

Unas páginas más atrás exploramos el por qué deseabas llegar a una CIMA determinada, ahora quiero pedirte que escribas el ¿para qué deseas alcanzar ese objetivo que has estado anhelando? La pregunta por qué revela creencias, cuando hablamos de tus para qué apuntamos a tu trascendencia, a los deseos del alma.

Este no sería un libro que busca transformar si sólo te dijera que continúes lo que venías haciendo y ya, sin impulsarte a ir más allá. En este campo de batalla explotar tu potencial a través de tu "para que" de forma ilimitada te enseñará tres lecciones importantes:

• Las ideas increíbles no son nada sin una ejecución determinada.

• Lo que importa no son los recursos que tienes, sino tu iniciativa para buscarlos. Puedes hacer un gran impacto con lo que ya tienes, crear de la nada y pensar en formas de hacer que las cosas pasen.

• Tu mayor impacto puede ser ir contra el mundo, como es y como está concebido.

Aunque no podemos salvar al mundo y revertir todo el daño, si podemos llenar brechas cumpliendo con nuestro llamado de responsabilidad a colaborar, si hay una forma más pura de mostrar agradecimiento, es haciendo algo por quienes aún esperan tener oportunidades tan valiosas como las que tú estás palpando. Mientras me adentro en el mundo del coaching y abro mi ventana a apoyar a otros, veo lo interconectados que estamos; esta interdependencia global es un hecho que puede ser para ti o muy intimidante y decepcionante o puede convertirse en una intención de esperanza que te permita prestar apoyo. La tecnología nos abre un camino sin precedentes para hacer eso posible, sin embargo, hay tres cosas que dependen de ti:

1) Creer y tener confianza que puedes influenciar el cambio, cualquiera que sea.

2) Hacerlo desde tu razón. no puedes cambiar el destino de todas las comunidades, pero sí puedes elegir una causa, un motivo y una organización que te encienda el corazón.

3) Impulsar a otros a tomar acción, con el principio de que *solos llegamos más rápido pero juntos llegamos más lejos.*

Tu forma de ayuda no necesariamente tiene que combatir la malaria o la pobreza extrema, puedes elegir dejar el legado de la palabra y la motivación. Piensa en el mensaje que quieres dejar, el mío es cambiar la forma de pensar de la nueva generación de escaladores de montaña, de emprendedores, innovadores, de los que están en busca de la pila de oro al final del arcoíris, pero este no puede ser el tuyo y es totalmente válido. Cada cabeza es un mundo y un escenario diferente.

VIVE EN EL PROPÓSITO

Tú misión mientras vives comienza con un cuestionamiento bien directo, ¿qué te hace sentir tranquilo o en paz? cuando yo me hice esa pregunta pensé en todas las cosas que había logrado. Fue como reafirmar mi descubrimiento, como sentir el significado real de las cosas. Aún conservo la sensación de que este camino apenas comienza, que todo lo que había sembrado está comenzando a dar sus frutos y que todo lo que había vivido -bueno y no tan bueno-, me ha traído hasta aquí, a escribir estas líneas para ti.

La razón por la que hice tanto énfasis en que identificaras tus habilidades y tu llamado, es porque al desbloquear tu pasión, puedes encontrar tu razón de ser en el punto medio donde convergen lo que amas, para lo que eres bueno, lo que necesita el mundo y como te pagan por ello.[2]

El objetivo de este método de vida es identificar aquello en lo que eres bueno, que te da placer realizarlo y que, además, sabes que aporta algo al mundo. Cuando lo llevas a cabo, tienes más autoestima, porque sientes que tu presencia en el mundo está justificada. La felicidad solo es parte de la consecuencia de vivir a plenitud y bajo las ordenanzas que el Universo tiene para ti.

Los profesionales del Colegio Oficial de Psicólogos de Madrid señalan que cuando un ser humano entiende su propósito en la vida, toma un rumbo fijo y se dedica a una actividad que le brinda placer, se convierte en un individuo totalmente activo y feliz. El motivo es simple, porque ejercitas tus capacidades más afinadas y te diviertes haciéndolo.

Mi consejo más preciado y que jamás debes olvidar es que hagas lo que hagas, hazlo con amor, con ese compromiso de querer hacerlo y ayudar a otros. No te quedes en ese trabajo que no te gusta o con ese equipo que no te inspira.

---

2 Esta filosofía es llamada Ikigai, es la mejor para explicar este método de vida. De acuerdo a lo citado en el libro Ikigai: los secretos de Japón para una vida larga y feliz publicado en el año 2016, todos los seres vivientes tienen uno, el cual corresponde a una motivación vital, una misión, algo que brinda las fuerzas necesarias para hacer que te levantes de la cama por las mañanas y salgas a comerte el mundo.

EJERCICIO, DESCANSO Y ESCALADA

Llegados a este punto, quiero que hagamos un ejercicio práctico, busca un lugar tranquilo y hazte estas 4 preguntas:

- ¿Cuál es tu elemento o tu talento? Es decir ¿en qué eres bueno?

- ¿Con qué actividades se te pasa el tiempo volando? Este es otro indicador para conocer tu pasión.

- ¿Qué te resulta fácil hacer? En esta pregunta necesito que ejemplifiques y digas las acciones que te resultan placenteras y beneficiosas para ti.

- ¿Qué te gustaba cuando eras niño? ¿Con qué soñabas convertirte?

Una vez identificadas todas estas preguntas, lo siguiente que debes hacer es trazarte un plan de acción. Cuando llegues a tu cima, vuelve a hacer una introspección y fija tu siguiente meta, la finalidad es siempre estar en movimiento pero en equilibrio con lo que amas, te da trabajo y tu poder para ayudar a otros.

Carlos Buelvas

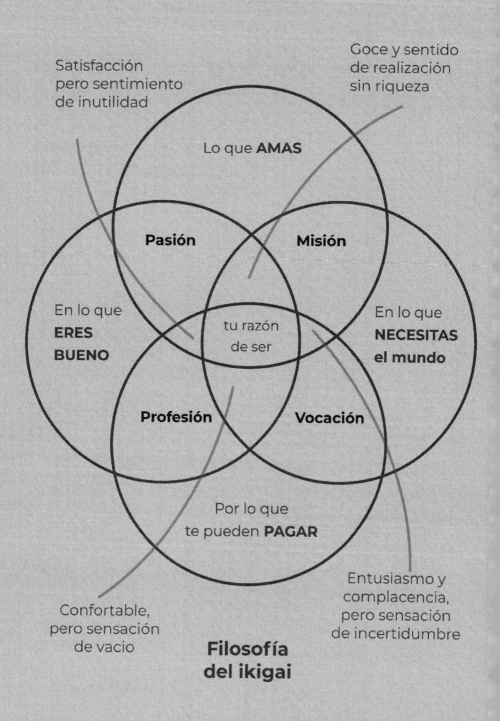

Satisfacción pero sentimiento de inutilidad

Goce y sentido de realización sin riqueza

Lo que **AMAS**

Pasión

Misión

En lo que **ERES BUENO**

tu razón de ser

En lo que **NECESITAS el mundo**

Profesión

Vocación

Por lo que te pueden **PAGAR**

Confortable, pero sensación de vacio

Entusiasmo y complacencia, pero sensación de incertidumbre

Filosofía del ikigai

NO OLVIDES QUE:

✓ Te has reconciliado con tu pasado, estás ubicado en el presente y eres optimista respecto a tu futuro.

✓ Estás lleno de fe, esperanza, amor y vives sin avaricia, envidia o rencor

✓ Sabes que debes defender lo que es moralmente correcto para ti, sin limitar lo que otros definan como "moralidad" o "valores".

✓ Eres suficientemente maduro como para rechazar cualquier gratificación temporal y enfocar tu atención en tus responsabilidades y sueños.

✓ Amas a lo no amado, das esperanzas al desesperanzado, amistad al que no tiene amigos y aliento al desanimado.

✓ Sabes que puedes triunfar sin haberlo hecho y puedes fallar sin haber fallado, porque es un ciclo natural.

5 MÁS ALLÁ DE
LA CIMA

EL CAMINO JAMÁS SE TERMINA...

Los cambios jamás se terminan de dar, no existe un "no" o "si" definitivo. Antes de que te encuentres vas a sentirte perdido tantas veces que el sabor a éxito te parecerá difícil de creer, pero luego de una escalera sobreviene otra más alta que reta absolutamente todos los conocimientos que has adquirido hasta ahora.

¿No te parece asombroso? El que sientas que todo está tan calmo como el agua de un lago, para luego encontrarte con la corriente del río que no espera, que no se detiene. Nuestro tiempo como materia, en el mundo dura un parpadeo, pero incluso cuando ya no existas en este plano puedes seguir haciendo cosas que hablen de ti, de quien eras, y de cómo trascendiste.

La verdadera transformación no se dará aquí, nadie realmente se convierte en otra persona diferente sólo por leer un libro, pero si eres capaz de aplicar las enseñanzas para dar un giro de 360 grados verás cómo los cambios se van materializando.

¿Puedes reconocer cuándo realmente comenzó tu trasformación? ¿cuál fue tu momento de quiebre? ¿Cuándo decidiste ser algo más de lo que fuiste? Nuestro inicio no se da con un nacimiento biológico, hay otro nacimiento más profundo y es el despertar de conciencia, el despertar del alma. Para lograrlo, acalla el ruido a tu alrededor, para permitir que tu voz interior y tu instinto hablen.

La razón por la cual de seguro no encuentras la salida es porque el ruido resuena más que tu propia conciencia y mientras estés tan preocupado por las voces externas jamás podrás tener las conversaciones contigo que más importan. El ruido no son sólo opiniones, son situaciones y personas.

Sé que quedarse en silencio da miedo, porque nos enfrentamos a nuestra luz tanto como nos enfrentamos a nuestra oscuridad. Incluso, mucho más temor da soportar las voces que van en nuestra contra y tener que seguir mientras probablemente te digan "estás loco", de cualquier forma, todos terminamos alineándonos con algún tipo de locura: la de la pasividad y la mediocridad ante tanta inmensidad, o la de la acción y el movimiento ante tantos prejuicios en la humanidad.

Yo realmente espero que no dejes de moverte porque **el camino termina, sólo para volver a comenzar.**

*¡Sé el primero en conocer todo lo
que tenemos preparado para ti!*

SOBRE EL AUTOR

Carlos Buelvas es un empresario colombo - venezolano, CEO de GIBC Consulting, LLC con 23 años de experiencia en el área de ventas, desarrollo organizacional, planificación y redes de mercadeo.

Es certificado por la International Life & Leadership Coaching Academy como Life & Advanced Business Coach, avalado por la IAC International Association of Coaching.

Ha participado en talleres, convenciones y eventos internacionales de la talla de Tony Robbins, Ismael Cala, Jhon Maxwel, Camilo Cruz, Rafael Ayala, Roberto Pérez y líderes de toda América. También ha hecho seminarios Insigth para el desarrollo personal y profesional.

Ha trabajado con cientos de personas en países como Argentina, Chile, Colombia, España, Estados Unidos y Republica Dominicana en áreas como:

- Construcción y gestión empresarial.
- Aumento del rendimiento y la productividad.

- Desarrollo y aumento del liderazgo.

- Motivacion.

- Mejora de la calidad de vida.

Si deseas saber más del autor, sus servicios, blog y su contacto visita su página web www.carlosbuelvas.com

TESTIMONIOS

«Carlos Buelvas se propone "despertar" al lector de esa especie de somnolencia en vigilia que acarrea la creencia de que nada importante puede cambiar. La sima a la que inteligentemente refiere es una especie de caverna subterránea desde la que se ve la luz, pero cuesta alcanzarla. ¿Cómo ascender?; ¿Cómo despegar? La vida del autor es un ejemplo de resiliencia y transformación, él mismo ha ido desde la sima a la cima más de una vez, por lo tanto, sabe muy bien de qué nos habla y lo comparte generosamente. Por su parte, la neurociencia confirma que "somos lo que pensamos" y que, como bien dice Carlos, podemos transformar nuestra vida cambiando nuestra forma de pensar. En este libro, de lectura imprescindible, explica cómo hacerlo».

NÉSTOR BRAIDOT

Escritor best seller, neurocientifico e investigador.

«Para mí la vida es como un proceso de subir a la cima de una montaña y luego descender para llegar a un espacio de plenitud y paz con la experiencia satisfactoria del camino recorrido. Cuando leí tu libro me sorprendió la profunda similitud de ascender y descender, como muchas veces me ha tocado en mis años de vida, para así madurar ya sea por "lección" o por "información". Me he sentido tantas veces al pie de la montaña sin herramientas, un poco indefenso, aunque con el entusiasmo de ascender, pero ahora, definitivamente, con las claves y experiencias de este libro, podre emprender mi camino, con una mejor caja de herramientas. Gracias Carlos por aportar a mi camino y hacerlo más fácil».

JACQUES GIRAUD

Autor, Máster Coach y Mentor. Facilitador certificado en Seminarios Insight.

«Si quieres encontrar sentido a la vida, "De la sima a la cima" es el libro que te recomiendo leer. Seguro te verás reflejado en las vivencias de Carlos, descubrirás el camino y las respuestas que necesitas para salir de la profundidad donde te encuentras y transformarlas en oportunidades, llegar a tu Cima y conectar con tu propósito».

ANTONIO TORREALBA

Ganador de un emmy, autor, Consultor Social Media

«Carlos Buelvas imprime en este libro la travesía de un líder, de un soñador. Desde un punto de vista claro y preciso se logra el lector empapar de una verdad clara, contundente, dinámica con una sinceridad abierta al desnudo en el camino, muchas veces rocoso hacia la Cima. Carlos logra de manera sutil, desenvolver el enigma del desapego y el verdadero servicio... Para poder entonces enfocar los objetivos a largo plazo en la vida. El verdadero significado de SER-HACER-TENER lo podrás entender en este maravilloso escrito».

VICENTE PASSARIELLO

Autor, Tony Robbins National Trainer en español, Trainer NCP, DHE, PE.

Made in the USA
Columbia, SC
23 September 2024

42865633R00102